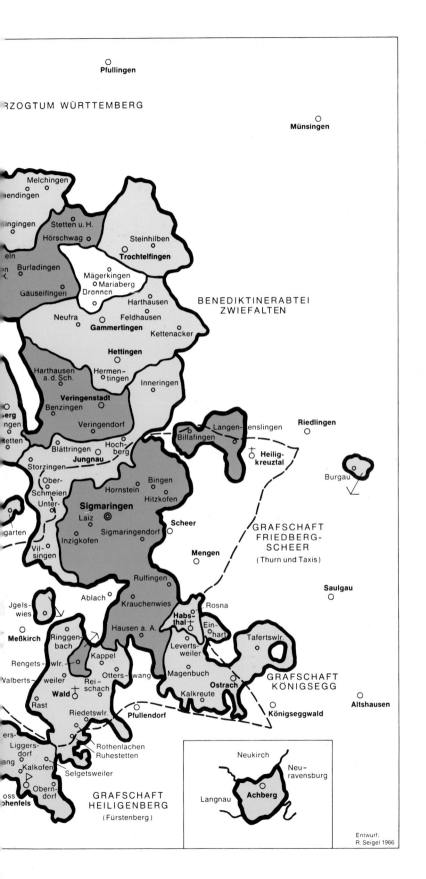

Erläuterungen zur Karte

Aus den ehemaligen Fürstentümern Hohenzollern-Hechingen und Hohenzollern-Sigmaringen entstand nach ihrem Übergang an Preußen (1850) als „Hohenzollerische Lande" der preußische Regierungsbezirk Sigmaringen. 1874/75 wurde nach dem Vorbild der preußischen Provinzialverbände für die Hohenzollerischen Lande ein Landeskommunalverband mit Landesausschuß als Selbstverwaltungskörper gebildet. An die Stelle mehrerer Oberämter trat 1925 die Verwaltungseinteilung in zwei Landkreise (Hechingen und Sigmaringen).

Aus 15 südwürttembergischen und den beiden hohenzollerischen Landkreisen schuf die französische Besatzungsmacht 1945 das Land Württemberg-Hohenzollern, das 1952 im neugebildeten Bundesland Baden-Württemberg aufging. Das auf der nebenstehenden Karte dargestellte Gesamtgebiet bildete bis zur Kreisreform von 1973 die Fläche der Landkreise Hechingen und Sigmaringen und des Hohenzollerischen Landeskommunalverbandes. Die Mehrzahl der Gemeinden des alten Landkreises Hechingen gehört nun zum neugebildeten Zollernalbkreis. Zum neuen, vor allem nach Osten und Westen erweiterten Landkreis Sigmaringen zählen ebenfalls noch die meisten Gemeinden des alten hohenzollerischen Kreises Sigmaringen.

THORBECKE BILDBÜCHER

SCHLOSS SIGMARINGEN
und das Fürstliche Haus Hohenzollern

Schloß Sigmaringen

und das Fürstliche Haus Hohenzollern

Text von Walter Kaufhold und Rudolf Seigel
Abbildungen nach Aufnahmen von Heidi Viredaz-Bader

Dreisprachige Ausgabe

Jan Thorbecke Verlag Sigmaringen

Die Abbildung auf der gegenüberliegenden Seite zeigt Sigmaringen, Schloß und Residenzstadt. Augsburger Kupferstich nach F. Wetz, 1803. — Auf dem oberen Bildrand das damalige Gesamtwappen des Hauses Hohenzollern-Sigmaringen: Der gevierte Schild zeigt im ersten Feld das Wappen der Burggrafen von Nürnberg (schwarzer Löwe), im zweiten den (silber-schwarz) gevierten Zollernschild, im dritten das Wappen der Grafschaft Sigmaringen (goldener Hirsch) und im vierten Feld das Wappen der Grafen von (Hohenzollern-) Berg (roter Löwe). Im Herzschild die gekreuzten (goldenen) Erzkämmererszepter. Über dem Schild der Fürstenhut. Unterer Bildrand: Wappen der Stadt Sigmaringen.

CIP-Kurztitelaufnahme der Deutschen Bibliothek

Kaufhold, Walter:
Schloß Sigmaringen und das Fürstliche Haus Hohenzollern / Text von Walter Kaufhold u. Rudolf Seigel. Abb. nach Aufnahmen von Heidi Viredaz-Bader. – 2., neu bearb. u. erw. Aufl. – Sigmaringen: Thorbecke, 1979.
(Thorbecke-Bildbücher; Bd. 52)
ISBN 3-7995-1152-0

NE: Seigel, Rudolf:

THORBECKE BILDBÜCHER Band 52

Zweite, neu bearbeitete und erweiterte Auflage
© 1979 by Jan Thorbecke Verlag KG, Sigmaringen

Buchgestaltung: Walter Kaufhold und Rudolf Seigel
Gesamtherstellung: M. Liehners Hofbuchdruckerei KG, Sigmaringen
Printed in Germany – ISBN 3-7995-1152-0

Rudolf Seigel

DIE SCHWÄBISCHEN HOHENZOLLERN

Zur Geschichte des Fürstlichen Hauses

*Warum noch
Hausgeschichte?* Die Geschichte einer Dynastie war früher, im Zeitalter der Renaissance und des Barock und auch später noch bis zum Beginn unseres Jahrhunderts, eine Hauptform der Geschichtsschreibung. Aufstieg und Niedergang adeliger Häuser gaben Maßstäbe und bestimmten Einschnitte und Epochen der Geschichtsbetrachtung. Die Aufspaltung der Geschichtswissenschaft in Sondergebiete und das Bemühen um Erhellung der rechtlich-verfassungsmäßigen, vor allem aber der wirtschaftlich-sozialen Verhältnisse hatten zur Folge, daß auch der Adel vorwiegend als eine soziale Gruppe erfaßt wurde. Neben dem Einzelmenschen sind Verbände und Institutionen zum bevorzugten Gegenstand der Geschichtsforschung geworden. Die politische Geschichte hat sich von ihrer nahezu vollständigen Beschränkung auf die Machtgeschichte gelöst; zugleich beendete die moderne Landesgeschichte jene Art von dynastisch-genealogischer Territorial- und Hofhistoriographie, die sich als verkleinerte Reichsgeschichte gab und an die Stelle der Kaiser und Könige die Dynasten ihres Territoriums setzte.

Hausgeschichte ist für uns heute nicht mehr Überbau und Rahmen, sondern Teil der Landesgeschichte, die das Land mit allen seinen bewegenden Kräften und Gliedern zum Gegenstand hat. So erst können Eigenständigkeit und Eigenart der Dynastie selbst klar und unverwechselbar hervortreten. Führende Persönlichkeiten und Familien haben auch im neuen Rahmen der geschichtlichen Betrachtung einen besonderen Platz, vor allem für jene Zeiträume unserer Landesgeschichte, als die mit dem Territorium verbundene

Dynastie eine der stärksten Klammern bildet, die das Landschaftliche mit dem Allgemeinen verbinden.

Das Haus Hohenzollern gehört zu den ältesten und bedeutendsten schwäbischen Hochadelsgeschlechtern und ist neben den Habsburgern und Württembergern als das ausdauerndste und glückhafteste bezeichnet worden (K. S. Bader). Es hat seinen Stammsitz und seine Stammgüter bis heute bewahrt und hier im Laufe seiner Geschichte Territorien geschaffen, die bis 1973 noch die Grundlage politischer Gebilde waren. Durch seine mannigfaltigen politischen und besitzmäßigen Beziehungen hat das Haus immer wieder über seine schwäbischen Stammlande hinausgegriffen und -gewirkt. Diese Ausstrahlungskraft der schwäbischen Hohenzollern, ihr besonderes und eigentümliches Schicksal, sind berichtenswert.

Nach dem „Ursprung" und über den „Urstamm" des Hauses Hohenzollern ist schon viel und eifrig geforscht worden. Die ersten Bemühungen darum sieht man im 15. Jahrhundert: Die zollernschen Kurfürsten und Markgrafen von Brandenburg sahen sich der damaligen Mode gemäß von den Römern und Trojanern abstammen. Seit der Zeit des deutschen Humanismus wollte man sich dann lieber von altem germanischem Adel herleiten, und so begann vom 16. Jahrhundert bis ins 19. Jahrhundert die zollernsche Stammtafel in der Karolingerzeit mit einem sagenhaften Grafen Tassilo. Die Ahnengalerie im Sigmaringer Schloß mit ihren „Portraits" früh- und hochmittelalterlicher Zollerngrafen ist ein bildhaftes Zeugnis der Barockgenealogien. Sie mußten vor hundert Jahren der Quellenkritik der nun beginnenden modernen Geschichtswissenschaft weichen. Seither steht am Anfang der zollerischen Geschichte die kurze Nachricht aus der Chronik Bertholds von Reichenau zum Jahre 1061: „Burchardus et Wezil de Zolorin occiduntur" („Burchard und Wezel [= Werner] von Zollern werden getötet").
Wir wissen nichts von den Ereignissen, die zu ihrem Tod führten. Handelt es sich um Vater und Sohn, Brüder oder Vettern? Auch ihr genealogischer Zusammenhang mit den am Ende des 11. Jahrhunderts nun durch Urkunden häufiger nachweisbaren Zollerngrafen ist nicht erweisbar. Durch Ludwig Schmid wurde (zusammenfassend 1884/88, 1897) mit großem Aufwand an Scharfsinn und Fleiß noch einmal versucht, über das Jahr 1061 zurückzukommen und zu beweisen, daß die Zollern von dem alten schwäbischen Herzogsgeschlecht der Burkhardinger abstammen. Doch da inzwischen zu viele Stützen dieses kunstvollen genealogischen Gebäudes als nicht tragfähig erkannt worden sind, und neue Beweise oder Theorien nicht aufkamen, verstummte die früher so lebhafte Diskussion um die Abkunft der Zollern.

Von einigen schwäbischen Hochadelsgeschlechtern läßt sich infolge verhältnismäßig günstiger Überlieferung der Quellen zeigen, wie sie sich im Laufe des 11. und 12. Jahrhunderts aus der großen Gruppe des Adels zu festgefügten, abgegrenzten Geschlechtern formieren. Wichtiges Element dieses Vorgangs ist der damals aufkommende zentrale Wohnsitz, die Burg, nach der sich nun die Familienmitglieder nennen. Die Erwähnung von *Burchard und Wezel von Zollern* zu 1061 ist zwar die erste Nennung eines schwäbischen Adelsgeschlechtes nach einer Burg. Doch den Entwicklungsgang zur Familie kennen wir nicht. Als die Zollern in den Quellen faßbar werden, nennen sie sich schon nach ihrer Stammburg. Der Bau eines solchen Herrschaftssitzes noch vor dem Investiturstreit zeigt, daß die Zollern damals zu den mächtigsten Geschlechtern Schwabens gehörten, und daß ihnen außergewöhnliche Machtmittel zur Verfügung standen (H. Jänichen). Die Burg bildet aber nicht nur den Mittelpunkt der Familie, sondern auch den Kern des Herrschaftsgebiets; es lag in der Landschaft zwischen dem oberen Neckar, der Schwäbischen Alb und der oberen Donau. Wann und wie die Zollern ihren Machtbereich geschaffen haben, wissen wir nicht. Vielleicht in der Zeit des Investiturstreits, als die großen Familien durch die Schwäche des Königtums in ihrer Machtentfaltung begünstigt waren. Zum Herrschaftssitz gehörte als geistliches und geistiges Pendant das Hauskloster, über das die Stifterfamilie die Schirmvogtei, also wieder Herrschaftsrechte, ausübt, und wo die Familie ihre Begräbnisstätte hat. 1095 gründete *Adalbert von Zollern* zusammen mit Graf Alwig von Sulz und Rutmann von (Neckar-)hausen das Kloster Alpirsbach im Schwarzwald.

Der Herrschaftssitz, Besitz an Rechten und Grund und Boden, das Hauskloster und seine Vogtei – das alles bildet den engeren Machtbereich einer hochadligen Familie. Ob aber ein Dynastengeschlecht über diesen heimatlichen Bereich hinaus etwas galt und wirkte, ob es in der Welt des Hochadels und der Politik eine Rolle spielte, ist erkennbar an seinen Verbindungen zu anderen führenden Familien, zu Klöstern und Bistümern, und an seinen Beziehungen zum Herrscher, zu König und Kaiser. So sehen wir die Zollern im 12. Jahrhundert durch Heirat verbunden mit den Grafen von Urach, Bieberegg, Eberstein, den Pfalzgrafen von Tübingen, den Grafen von Heiligenberg und den Burggrafen von Nürnberg aus dem Hause Raabs. Adalbert, der Stifter von Alpirsbach, starb als Mönch seines Klosters, ein Zoller ist Abt auf der Reichenau, weitere leben im Kloster Zwiefalten. Der erste Zollerngraf tritt 1111 in der Umgebung des Herrschers auf. Für anderthalb Jahrhunderte gehören die Zollern nun zu jenem Kreis von schwäbischen Dynasten, die nicht nur gelegentlich, sondern häufiger in der Umgebung der Herrscher, besonders dann unter den Staufern, anzutreffen sind.

Hohenbergische und Burggräfliche Linie

Der Stauferzeit gehören zwei wichtige Ereignisse der zollernschen Geschichte an. Weitere Besitzerwerbungen waren es vermutlich, die gegen 1170 die Abspaltung einer Nebenlinie, der Grafen von Hohenberg, bewirkten; sie nannten sich nach ihrer Burg am Albrand bei Rottweil. Den Zollern ging so der westliche Teil ihrer Besitzungen für immer verloren. Die Hohenberger hatten dann im 13. Jahrhundert den Schwerpunkt ihres Herrschaftsgebiets um Haigerloch und Rottenburg. Durch seine Ehe mit der Tochter des letzten Burggrafen von Nürnberg aus dem Hause Raabs gelangte *Graf Friedrich I.* 1192 in den Besitz der Burggrafschaft und der Grafschaft Raabs. Die Entfernung zwischen den schwäbischen Stammbesitzungen und der neuen fränkischen, vor allem in der Reichspolitik wichtigen Position bewirkte unter den Söhnen um 1214 die Teilung. Von der fränkischen (burggräflichen) Linie stammen die Markgrafen und Kurfürsten von Brandenburg (seit 1415) und das spätere preußische Königs- und Kaiserhaus ab.

Friedrich der Erlauchte

Nach dem Untergang der Staufer, im Interregnum und unter König Rudolf von Habsburg zählten die Zollern noch zu den mächtigsten schwäbischen Dynastenfamilien. *Graf Friedrich V.*, von Zeitgenossen der Erlauchte genannt, – in seinen Urkunden nennt er sich selbst von Gottes Gnaden –, betreibt den Aufbau eines flächenhaften Territoriums mit den damals modernsten Mitteln; er gründet Städte (Hechingen, Balingen, Binsdorf, Mühlheim a. d. Donau), Ministerialen verwalten den Besitz, Schenken und Truchsessen seines Hofstaats werden genannt. Friedrich erhält 1253 die Schirmvogtei über das Kloster Beuron, gründet bei seiner Stammburg als neues Hauskloster Stetten im Gnadental, das Erbbegräbnis wird. Des Grafen Gemahlin ist die Schwester des Augsburger Bischofs, Graf Hartmann von Dillingen. Als Rudolf von Habsburg 1273 König wird, zählt der burggräfliche Vetter als einer der „Königsmacher" zu den ersten und wichtigsten Parteigängern. Die stammverwandten Hohenberger erleben unter dem Minnesänger *Graf Albert*, Schwager und Ratgeber König Rudolfs, den Höhepunkt ihrer Macht. Friedrich der Erlauchte steht mit den Grafen von Württemberg und Helfenstein auf der anderen Seite des südwestdeutschen Hochadels, der gegen Rudolfs Politik in Schwaben, die Wiederaufrichtung des schwäbischen Herzogtums, kämpft. Zollern und Hohenberger überziehen sich über zwei Jahrzehnte gegenseitig mit Krieg und schwächen sich an Land und Leuten. Erst 1286 gelang es durch die Vermittlung des Burggrafen und des Königs, Zollern und Hohenberger zu versöhnen. Der Friede wird mit der ersten zollerisch-hohenbergischen Familienverbindung bekräftigt.

Weitere Teilungen

Die Hohenberger begannen 1281 mit ihren folgenschweren Teilungen. Nach genau hundert Jahren (1381) gelangte die Grafschaft Hohenberg durch Kauf an Österreich. Auch die Zollern schreiten wieder zur Teilung: Ein Jahr vor seinem Tod gibt Graf Friedrich der Erlauchte 1288 seinem ältesten Sohn die Stammgrafschaft mit dem Zoller; der jüngere erhält die Herrschaften Schalksburg und Mühlheim. In der Mitte des 14. Jahrhunderts wird auch die Stammgrafschaft (in Schwarzgräfliche und Straßburger Linie) nochmals geteilt. Damit haben sich die Zollern selbst ihrer Machtstellung beraubt, ihr Besitz ist in viele Teile zersplittert.

Die Fortsetzung von Eheverbindungen mit anderen Hochadelsfamilien (wie Baden, Hohenberg, Helfenstein, Nellenburg, Fürstenberg, Vaihingen, Geroldseck, Sulz, Rechberg) zeigt jedoch das Festhalten der Zollern an ihrem Stand. Die Nachgeborenen finden wir in den Stiften von Augsburg, Konstanz und Straßburg, im Johanniter und Deutschen Orden oder als Mönche zu Einsiedeln, St. Gallen und Reichenau, einige als Großprior, Propst, Komtur, Bischof oder Abt. Friedrich, den Leitnamen des Geschlechts, tragen mit nur einer Ausnahme fast 200 Jahre lang sämtliche Zollern; Erbabmachungen und Bezeichnungen wie „der Ältere" für den Ältesten der Gesamtfamilie zeigen den Familiensinn und -zusammenhalt. Doch am Ende des 14. Jahrhunderts haben sich dann die beiden Hauptlinien Zollern und Schalksburg endgültig auseinandergelebt. 1391 geht die Herrschaft Mühlheim an die Herren von Weitingen (später Enzberg) und 1403 die Herrschaft Schalksburg an Württemberg und damit dem Hause verloren.

Die feindlichen Brüder Die Katastrophe von 1423

Nach dem Erlöschen der Schwarzgräflichen Linie (1412) hätte der Gesamtbesitz wieder in einer Hand vereinigt werden können. Doch schon 1402, wenige Monate nach dem Tod ihres Vaters, des *Grafen Friedrich XI.*, hatte der Erbstreit seiner unverträglichen Söhne begonnen. *Friedrich, der Öttinger* genannt, – ein ungestümer, rücksichtsloser Haudegen, Abenteurer, von Streit und Fehde lebend – verpfändet sein Erbe an Württemberg, verfällt der Acht. Die mitgeschädigten Nachbarn wehren sich, und 1423 wird die Burg Hohenzollern von den schwäbischen Reichsstädten erobert und zerstört, ihr Wiederaufbau vom Kaiser verboten. Der Öttinger stirbt nach seiner Freilassung aus württembergischer Gefangenschaft auf einer Reise ins Heilige Land.

Auch *Eitelfriedrich* muß seinen Anteil an der Grafschaft an Württemberg verpfänden und 1429 für den Fall des Erlöschens des zollernschen Mannesstamms die Erbfolge Württembergs anerkennen. Die Zollern scheinen dem Schicksal so vieler schwäbischer Dynastenfamilien nicht zu entgehen: Württemberg ist schon im 14. Jahrhundert im Norden, Osten und Süden Nachbar und bemüht sich im Westen um den Erwerb der Grafschaft Hohenberg. Das Erlöschen der Zollern und der Anfall an Württemberg stehen bevor. Doch Eitelfriedrich – er gilt als kluger und schlauer Rechner – heiratet als bald 50jähriger, 1433 wird sein Sohn Jos Niklaus geboren, und bis zu seinem Tod (1439) hat er wieder die Hälfte seine Besitzes zurückerworben.

Wiederaufbau der Grafschaft

Graf Jos Niklaus (1439–1488) konnte die Grafschaft Zollern auf über das Doppelte vergrößern durch Erwerbungen im Albvorland, auf der Alb, im Killer- und Bäratal. Aus dem Erbe seiner Mutter besaß er die strategisch wichtige Herrschaft Rhäzüns in Graubünden. Zugleich aber beginnt nun eine Zeit, in der die schwäbischen Zollern wieder in die große Politik verflochten sind. Für Herzog Albrecht von Österreich und Markgraf Albrecht Achilles von Brandenburg wird das zollernsche Herrschaftsgebiet wichtig für ihren Kampf gegen den Schwäbischen Städtebund, und diesem politischen Spiel ist es zu verdanken, daß mit Erlaubnis Kaiser Friedrich III. 1454 die Zollerburg wieder aufgebaut wird. Die Grundsteinlegung – in Anwesenheit Herzog Albrechts und Markgraf Albrecht Achilles' – war eine Demonstration der Landesfürsten gegen den Städtebund. Den seinem Vater aufgezwungenen Erbvertrag mit Württemberg konnte Jos Niklaus 1457 lösen.

Reichsdienst und Ausbau der Landesherrschaft kennzeichnen die nächsten Generationen zollernscher Grafen. *Eitelfriedrich II.* (1488–1512) – am brandenburgischen Hof erzogen und dort für seine Aufgabe als Landesherr ausgebildet, 1482 verehelicht mit einer Markgräfin von Brandenburg – wird Diplomat, Berater und Vertrauter Kaiser Maximilians. Er bekleidet wichtige Hof- und Reichsämter: Oberhofmeister, Reichskammerrichter, Reichserbkämmerer. Seine drei jüngeren Brüder und sein Sohn *Eitelfriedrich III.* lassen ihr Leben in Kriegszügen der Habsburger. 1497 tauscht er mit König Maximilian Rhäzüns gegen die Herrschaft Haigerloch und erweitert damit sein Territorium nach Westen. Als Hauptmann der österreichischen Herrschaft Hohenberg und als Graf von Zollern beherrscht er den Raum zwischen Schwarzwald und Schwäbischer Alb. Sein Bruder ist Bischof von Augsburg, mit ihm zusammen gründet er in Hechingen ein Kollegiatstift. Der Zoller kann den Häusern Habsburg und Württemberg große Summen leihen – zwei Generationen nach dem totalen Zusammenbruch der Grafschaft.

Reichsdienst und Territorialbildung

Unter *Jos Niklaus II.*, einem Enkel Eitelfriedrichs II. (1538–1558), erhielt die Grafschaft Zollern ihre endgültige Gestalt durch Erwerbungen im Albvorland (Herrschaften Hainburg und Wehrstein). Im Vordergrund jedoch steht der innere Ausbau der Landesherrschaft, die Vereinheitlichung der Landesteile, die Schaffung einer homogenen, dem Grafen direkt unterstehenden Untertanenschicht. Der Graf von Zollern ist in seinem Territorium Inhaber aller landesherrlichen Rechte, besitzt die volle Gerichtsbarkeit und ist der größte Grundherr im Land. Der niedere Adel ist als Grund- und Gerichtsherr ausgeschieden, die Grundherrschaft der Kirchen und Klöster steht unter der Kontrolle des Grafen. Die Grafschaft ist in Ämter eingeteilt, Landesordnungen sorgen für die Rechtseinheit, Hechingen – die Residenz des Grafen – ist Sitz der gräflichen Verwaltung.

Jos Niklaus II. war in der Reichspolitik kaum hervorgetreten. Seine Beziehungen zum Schmalkaldischen Bund brachten ihm die zeitweilige Ungnade des Kaisers ein. Um so mehr tritt sein Neffe *Karl* hervor. An den habsburgischen Höfen und in der unmittelbaren Umgebung des Kaisers zum Diplomaten erzogen, wirkte er als Reichserbkämmerer, Reichshofratspräsident und Vertrauter Karls V. maßgeblich an der Politik des Habsburgischen Reiches mit. 1534 erlosch der Mannesstamm des Hauses Werdenberg.

Graf Karl I. Erwerbung Sigmaringens

Die große Teilung von 1576

Die Grafschaft Sigmaringen fiel an das Reich, die Grafschaft Veringen an Österreich heim. Der bedeutendste Erfolg in der Erweiterung des zollernschen Machtbereichs im 16. Jahrhundert war die Belehnung Karls mit den Grafschaften Sigmaringen und Veringen 1535 durch König Ferdinand. Damit wird Sigmaringen Sitz einer Linie des Hauses Hohenzollern. Nach dem Tod Jos Niklaus II. (1558) erbte Karl auch die Stammgrafschaft und besaß somit ein Territorium, das vom Neckar über Alb und Donau bis nach Oberschwaben hinein reichte. Damit ist die Besitzentwicklung des Hauses in den schwäbischen Besitzungen bis zum Ende des Alten Reiches abgeschlossen. Auf dieser mit Geschick und Umsicht verbreiterten territorialen Grundlage wären zugleich politisches Gewicht und Einfluß der Zollerngrafen vermehrt worden, hätte nicht Graf Karl ein Jahr vor seinem Tod die Aufteilung des Gesamtbesitzes unter drei seiner Söhne verfügt. So entstanden nach Karls Tod (1576) die drei zollernschen Linien Haigerloch, Hechingen und Sigmaringen. Unter Karl und seinen Söhnen erlebten die Residenzen Hechingen und Sigmaringen entsprechend der Stellung der Grafen im Reich und unter dem Hochadel ein glanzvolles Hofleben nach dem Vorbild der wittelsbachischen und habsburgischen Renaissance-Höfe.

Erhebung in den Reichsfürstenstand

Mit dem Beginn des 30jährigen Krieges verloren die zollernschen Residenzen ihren Glanz. Seit dem Beginn der Glaubenskämpfe steht die Politik für Kaiser und Liga im Vordergrund. Hier und nicht mehr in der Hofkultur werden jetzt die Mittel eingesetzt. *Graf Johann*, sein Bruder *Eitelfriedrich* (Kardinal und Bischof von Osnabrück) und die Hechinger Vettern waren Hauptstützen des Hauses Habsburg und der Katholischen Liga, an deren Begründung sie maßgeblichen Anteil hatten. Diesen besonderen Verdiensten verdanken die Zollern ihre Erhebung in den Reichsfürstenstand 1623 durch Kaiser Ferdinand II., der damit auch die Absicht verfolgte, die katholisch-habsburgische Partei innerhalb des Reichsfürstenrates zu verstärken.

Die Grafschaft Sigmaringen und das Erzhaus

Als Graf Karl I. mit der Grafschaft Sigmaringen belehnt wurde, war sie kein zur vollen Landeshoheit ausgebautes Territorium. Die Sigmaringer Grafschaft war erst 1460 aus einem Forstbezirk geschaffen worden, als die Herrschaftsverhältnisse innerhalb dieses Bereichs schon weitgehend festgelegt waren. Die Zollern mußten nun ihre Grafenrechte erst durchsetzen, was ihnen jedoch nur zum Teil gelang. Erschwerend wirkte, daß das Erzhaus die Grafschaft entgegen einem Reichskammergerichtsurteil von 1588 als österreichisches Lehen behauptete. Die Grafschaft Veringen war österreichisches Lehen. Diese Abhängigkeit der Sigmaringer Fürsten vom Lehensbesitz hat sich erst gemildert, als die Haigerlocher Linie 1634 erlosch und ihr Besitz an Sigmaringen fiel. Haigerloch war Allod (Eigenbesitz), und als unter Maria Theresia und Josef II. die österreichische Regierung die Landeshoheit der Fürsten immer mehr zu beschneiden suchte, verlegte

Fürst Josef seine Residenz nach Haigerloch, das er zu einer kleinen barocken Residenz ausbaute. Zwar gelang es Österreich, Teile der Grafschaft Sigmaringen aus dem Grafschaftsverband herauszubrechen; der Versuch aber, den Fürsten die Hoheitsrechte zu nehmen, scheiterte an dem Selbsterhaltungswillen der Hohenzollern und am Schutz, den ihnen der Schwäbische Kreis gegen die Machtausdehnung des Erzhauses bot.

Die Sigmaringer Fürsten fanden in ihrem Lehensstreit mit Österreich auch Unterstützung bei ihren brandenburgischen Verwandten. Seit der Reformation waren die beiden Häuser in entgegengesetzten konfessionellen und politischen Lagern gestanden. Das dadurch gestörte Zusammengehörigkeitsgefühl wurde erst wieder in der zweiten Hälfte des 17. Jahrhunderts neu belebt und fand seinen Ausdruck in einem 1695 geschlossenen Erbvertrag. Die brandenburgischen Hohenzollern führen seither wieder den Titel „Graf von Hohenzollern" in ihrem Gesamttitel, und das Fürstliche Haus fügte Wappen und Titel der Burggrafen von Nürnberg seinem Gesamtwappen und -titel hinzu.

Brandenburgische und schwäbische Hohenzollern

Beide Linien der schwäbischen Hohenzollern zeigen im 18. Jahrhundert das typische Bild der kleineren reichsfürstlichen Familien. Ihr Sitz hinter Württemberg und Baden auf der weltlichen Fürstenbank des Schwäbischen Kreises zeigt, daß ihre politische Bedeutung in Südwestdeutschland tatsächlich größer war, als ihre kleinen Herrschaftsgebiete vermuten lassen. Fürsten und Prinzen des Hauses bekleiden Generalschargen, die Hechinger in österreichischen und Reichsdiensten, die Sigmaringer im Heer des Schwäbischen Kreises. Die geistlichen nachgeborenen Söhne bevorzugten das Kölner Domkapitel, Prinzessinnen die Damenstifte von Buchau, Inzigkofen, Münsterpilsen und Remiremont. Das Hechinger Fürstentum befand sich im 18. Jahrhundert in einer ungünstigen wirtschaftlichen Lage, die bis ins 19. Jahrhundert andauerte. Ursachen waren die starke Verschuldung des Fürstenhauses und ein fast das ganze Jahrhundert währender Streit mit den Untertanen um die Durchsetzung bzw. Begrenzung der landesherrlichen Gewalt. Das Haus hat aber dennoch nicht auf fürstliche Repräsentation verzichtet, und so prägte gerade die Zeit des Barock und des Klassizismus das bauliche Erscheinungsbild der Residenz Hechingen und ihrer Umgebung.

Vor dem Ende des Alten Reiches

Im Sigmaringer Fürstentum war die wirtschaftliche Situation weit besser. *Fürst Karl Friedrich von Hohenzollern-Sigmaringen* (1765–1785) löste die Haigerlocher Residenz wieder auf; seither wurde das nahe bei Sigmaringen gelegene Krauchenwies immer mehr zum beliebten Aufenthaltsort der Fürsten. Das Haus konnte in der zweiten Hälfte des 18. Jahrhunderts seinen Besitz vermehren durch den Ankauf der Herrschaften Bittelschieß und Hornstein, besonders aber durch einen drei Herrschaften umfassenden holländischen Besitz, der nach dem Erlöschen der im 18. Jahrhundert entstandenen Nebenlinie Hohenzollern (-Sigmaringen)-Berg an die Sigmaringer Erben fiel.

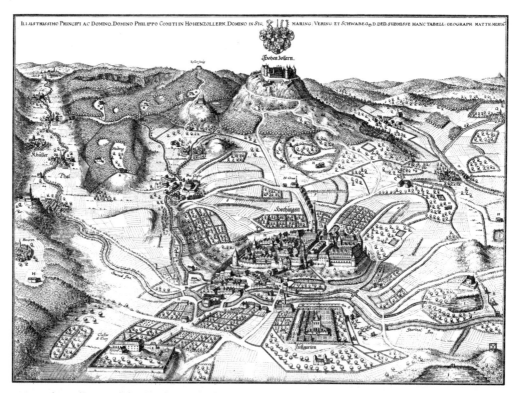

Burg Hohenzollern und die Residenzstadt Hechingen. Kupferstich aus Merians Topographia Sueviae, 1643.

Infolge der Auswirkungen der Französischen Revolution in den Niederlanden ging dann dieser Besitz zunächst wieder verloren, doch bildete er beim Reichsdeputations-hauptschluß 1803 die Grundlage für Entschädigungsansprüche, zu deren Durchsetzung es aber der stärksten diplomatischen und persönlichen Anstrengungen der Fürsten bedurfte. Entscheidend war die Hilfe von zwei Seiten: die Protektion Preußens und die persönlichen Beziehungen der Gemahlin des Sigmaringer *Fürsten Anton Alois* (1785 bis 1831), *Amalie Zephyrine*, zu Napoleon. Die Fürstin hatte 1794 in den Schreckens-tagen der Französischen Revolution den Kindern der Marquise de Beauharnais Schutz geboten, jener Frau, die 1796 Napoleon heiratete. So erhielt Hohenzollern-Sigmarin-gen im Regensburger Reichsdeputationshauptschluß 1803 den Besitz des Chorherren-stifts Beuron, des Benediktinerinnenklosters Holzen, des Augustinerinnenklosters Inzig-kofen und das Gebiet der Herrschaft Glatt aus dem Besitz der Fürstabtei Muri in der Schweiz. Der Hechinger Fürst erhielt die Herrschaft Hirschlatt des Stifts Kreuzlingen und den Besitz des Klosters Stetten. In der zweiten, endgültigen Phase der Auflösung des Deutschen Reiches wäre den Hohenzollerischen Fürstentümern ebenso wie den anderen kleinen Reichsständen das Geschick der Mediatisierung bestimmt gewesen. Neue Interventionen der Fürstin Amalie und nun auch verwandtschaftliche Beziehungen zu den Napoleoniden durch die Heirat des Erbprinzen Karl mit der Nichte des späteren Königs von Neapel sicherten jedoch das politische Weiterbestehen der Fürstentümer, die 1806 als „souveräne" Staaten Aufnahme in den Rheinbund fanden.

Zugleich wurde auch der Gebietsumfang des Sigmaringer Fürstentums nochmals beträchtlich vergrößert durch den Besitz der Klöster Wald und Habsthal und der Deutschordensherrschaften Achberg und Hohenfels. Außerdem kamen unter die Souveränität des Fürsten die Fürstenbergischen Obervogteiämter Trochtelfingen und Jungnau, die Thurn- und Taxis'schen Oberämter Ostrach und Straßberg und die freiherrlich Speth'schen Obervogteiämter Gammertingen und Hettingen.

Nach dem Sturz Napoleons fanden die Hohenzollerischen Fürstentümer 1813 Aufnahme in den Deutschen Bund. In einer Zeit des Übergangs vom patriarchalischen zum konstitutionellen Staat bemühten sich besonders die Sigmaringer Fürsten Anton Alois und *Karl* (1831–1848), die alten Landesteile mit den neuhinzugekommenen zu einer Einheit zu verbinden und eine Staatsorganisation zu schaffen. Damals entwickelte sich ein Gefühl der Zusammengehörigkeit unter den Landesbewohnern, die sich bewußt waren, „Staatsangehörige" und „Hohenzollern" zu sein. Dennoch kam es in den Fürstentümern 1848/49 zu Revolutionswirren, so daß sich die Regenten in ihren Bemühungen getäuscht sahen. Davon überzeugt, daß ihnen die Möglichkeiten zum Ausbau moderner Staatswesen fehlten und sie in immer stärkere Abhängigkeit von größeren Staaten geraten werden, traten sie 1849 ihre Souveränitätsrechte an den König von Preußen ab.

Im Deutschen Bund

Übergang der Souveränität an Preußen

Das Gebiet der beiden Fürstentümer bildete dann fast ein volles Jahrhundert lang bis 1945 als „Hohenzollerische Lande" einen besonderen preußischen Regierungsbezirk. Auch in dem neugeschaffenen Land Baden-Württemberg der Bundesrepublik faßte der 1875 geschaffene Provinzialverband (Landeskommunalverband mit Landesausschuß) bis 1973 die beiden Kreise Hechingen und Sigmaringen als eine alte Einheit zusammen. Das Fürstliche Haus hat durch die Abtretung der Souveränität nicht nur seinen von der Revolution bedrohten Familienbesitz retten können, sondern auch als Ersatz für die abgetretenen Regalien eine Jahresrente vom preußischen Staat erhalten. Zu den damals vor 1850 vorhandenen Besitzungen außerhalb Hohenzollerns (in Böhmen, Holland und der Schweiz) konnten im Laufe der zweiten Hälfte des 19. Jahrhunderts weitere in der Mark Brandenburg, Schlesien und Pommern hinzuerworben werden. Teile der Schlesischen Besitzungen stammen aus dem Erbe der Linie Hohenzollern-Hechingen, die 1869 mit dem Tod des *Fürsten Friedrich Wilhelm Konstantin* im erbberechtigten Mannesstamm erloschen war.

Fürst Karl Anton widmete sich nach seinem Regierungsverzicht dem aufsteigenden preußischen Staatswesen, zunächst 1850 bis 1858 als preußischer General, dann bekleidete er von 1858 bis 1862 das Amt des preußischen Ministerpräsidenten als erster Vertreter der „Neuen Ära" und als Exponent des liberalen Flügels im deutschen Hochadel. Von 1863 bis 1871 war der Fürst Militärgouverneur der Rheinprovinz und Westfalens. Durch seine weitgespannten Beziehungen gelang es ihm, das Haus der schwäbischen Hohenzollern in die europäische Politik zu verflechten. 1866 wurde sein Sohn Karl als *Carol I.* zum *Fürsten von Rumänien* gewählt und damit die Dynastie der Könige von Rumänien aus dem Hause Hohenzollern-Sigmaringen begründet. Karl Antons ältestem Sohn, dem späteren *Fürsten Leopold,* wurde 1869 der spanische Königsthron angeboten. Obgleich Fürst Karl Anton im Namen seines Sohnes auf die von Bismarck geförderte Kandidatur verzichtete, löste dieses Ereignis den deutsch-französischen Krieg von 1870 aus. Karl Antons Tochter *Stephanie* heiratete 1858 König Pedro V. von Portugal; Pedros Schwester Antonia war seit 1861 mit dem Erbprinzen und späteren Fürsten Leopold vermählt; die jüngste Tochter Karl Antons, *Marie,* heiratete 1867 den Grafen Philipp von Flandern, den Bruder König Leopolds II. von Belgien; Marie ist die Urgroßmutter des jetzigen Königs von Belgien.

Daß Karl Antons Regierungsverzicht von 1849 nicht einem Verzicht auf eine politisch bedeutsame Stellung gleichkam, dafür gibt es ein interessantes, zusammenfassendes Zeugnis: Der japanische Legationsrat Alexander von Siebold führte 1883 einen japanischen Fürsten und Staatsrat, der einen deutschen Fürstenhof kennenlernen wollte, nach Sigmaringen. In seinen Erinnerungen schreibt v. Siebold: „Wir fuhren nach Sigmaringen, wo der damals noch lebende alte Fürst Karl Anton ihn mit großer Auszeichnung aufnahm. Hier konnte er sich davon überzeugen, wie es möglich ist, die Fortdauer einer fürstlichen Stellung und Hofhaltung von der Ausübung der Regierungsrechte zu trennen, denn Sigmaringen steht bekanntlich unter preußischer Verwaltung. Die lange Unterredung, die er mit dem Fürsten hatte, dessen politische Ansichten bekannt sind, erregte seine Bewunderung und vermehrte seine Kenntnisse der politischen Lage Europas."

Des Fürsten Karl Anton Enkel und Urenkel erlebten den Untergang des preußischen Staates und die erzwungene Rückkehr des preußischen Zweiges des Gesamthauses auf den schwäbischen Stammsitz. Die schwäbischen Hohenzollern selbst haben durch die beiden Weltkriege zwei Drittel ihres Besitzes eingebüßt. Die Bewältigung dieser Situation, nach den vielfältigen politischen und gesellschaftlichen Wandlungen unserer Vergangenheit, ist Aufgabe der jetzt lebenden Generation eines alten schwäbischen Hochadelsgeschlechts.

HISTORY OF THE HOUSE OF HOHENZOLLERN

The House of Hohenzollern is one of the oldest and most illustrious of the Swabian dynasties. The home of this dynasty mentioned for the first time in 1061 is Mount Zollern near Hechingen; from it came the name for castle, dynasty and territory. In the Hohenstaufen period, shortly after 1200, the house divided into a Swabian and Burgraviate of Nuremberg line; from the latter came the Margraves and Electors of Brandenburg and the later Prussian Kings and Emperors. The Swabian House of Zollern reigned in medieval times over an area between the Swabian Alb and the valley of the Upper Neckar. In the 14th and 15th centuries divisions of territory and struggles with neighbouring principalities brought many setbacks, the ancestral castle (1423) was ruined and parts of the Zollern territories were lost. At the end of the 15th and beginning of the 16th centuries came highly talented the Counts of Zollern who were even able to add to their lands by the acquisition of Sigmaringen (1534). But the division of the property of the House between three brothers (1576) once more weakened the power of the Zollerns. But the Counts of Zollern enjoyed a high political reputation because of the services they rendered to the Empire and the House of Habsburg as exponents of the Counter-Reformatory Catholic League. As a reward the Emperor made the Counts of Zollern princes of the Empire in 1623.

The princes of Hohenzollern-Hechingen distinguished themselves in the 18th century in the service of the Empire and the Habsburgs, whilst the Princes of Sigmaringen served the House of Wittelsbach (Bavaria). At the end of the Holy Roman Empire (1806) they were spared mediatisation because of favourable connections with Prussia and Napoleon; the Princess of Sigmaringen was a friend of Josephine Beauharnais, Napoleon's wife. But although they belonged to the German League, both principalities were too weak to develop into modern states. Therefore they renounced their sovereignty in 1849 in favour of the King of Prussia. In the second half of the 19the century the House of Sigmaringen played an important role in German and European politics and belonged to the Liberal wing of the high aristocracy. Prince Karl Anton was Prime Minister of Prussia, and his son Karl, as Carol I, founded the dynasty of the Kings of Rumania descending from the Swabian Hohenzollern. Karl Anton's second son Leopold was offered the Spanish crown in 1870; in spite of his refusal this caused the outbreak of the Franco-German War of 1870/71. There were also close family-connections with the royal families of Belgium and Portugal.

The Swabian Hohenzollern lost two-thirds of their possessions as a result of the two World Wars. But nevertheless the Princes continue to maintain the traditions of this old Swabian dynasty.

LA DYNASTIE SIGMARINGEN-HOHENZOLLERN

La dynastie des Hohenzollern compte parmi les plus anciennes et les plus importantes familles souabes. C'est le mont de Zollern près de Hechingen qui a donné le nom à la dynastie, au château fort et au pays même (première citation en 1061). A l'époque des Staufen, peu après 1200, la maison se divise, pour former la lignée souabe et la lignée des burgraves de Nuremberg. De cette dernière descendent les margraves et princes électeurs de la maison de Brandebourg, ancêtres de la maison royale et impériale de Prusse. Au moyen âge les possessions des Zollern s'étendaient entre le Jura souabe et le cours supérieur du Neckar. Aux 14ème et 15ème siècles les morcellements des propriétés et les combats avec les seigneurs voisins eurent pour conséquence de grands revers de fortune: le château fort fut détruit (1423) et les comtes perdirent quelques parcelles de leurs territoire. Mais à la fin du 15ème et au début du 16ème siècle ils parvinrent à l'agrandir de nouveau en particulier par l'acquisition du Comté de Sigmaringen (1534). Le partage du domaine entre trois frères réduisit encore leur puissance. En tant que membres actifs de la contre-réforme et grâce aux services rendus à la maison de Habsburg, les comtes jouissaient cependant d'une haute considération politique. En récompense l'empereur les éleva au rang de princes d'Empire.

Au 18ème siècle les princes de Hohenzollern-Hechingen se distinguaient par leurs services rendus à la maison de Habsburg, les princes de Sigmaringen étant alliés à la maison bavaroise de Wittelsbach. A la fin de l'ancien Empire allemand (1806) ils échappaient à la médiatisation grâce à leurs bonnes relations avec la Prusse et Napoléon. Malgré leur importance en tant qu'Etats souverains de la Confédération Germanique les deux principautés étaient trop faibles pour se transformer en états modernes et en 1849 les princes abandonnèrent leur souveraineté en faveur du roi de Prusse.

Au cours de la deuxième moitié du 19ème siècle, la maison princière de Sigmaringen faisant partie de la branche libérale de la haute noblesse allemande, joua un rôle considérable dans la politique allemande et européenne: Le prince Karl Anton était président du Conseil de Prusse et son fils Karl (Carol Ier) fonda la dynastie des rois de Roumanie; à Leopold, deuxième fils de Karl Anton, fut offert le trône d'Espagne – bienqu'il y ait renoncé, cet événement provoqua la guerre franco-allemande. En même temps existaient des liens familiers étroits avec les maisons royales de Belgique et du Portugal.

A la suite des deux guerres mondiales la maison souabe des Hohenzollern perdit deux tiers de ses terres tout en maintenant la tradition d'ancienne famille de la haute noblesse.

Das Aquarell von Carl Freiherr von Mayenfisch, 1831, zeigt das hochragende Schloß
in seiner ruhigen alten Gestalt. Ihm vorgelagert sind das Wachthaus des Fürstlich
Hohenzollernschen Militärs und der Marstall. Die Stadt schmiegt sich in der Mulde zwischen
Donau und Josephsberg mit der Kapelle. Auf der Straße nach Laiz fährt der
Fürstliche Reisewagen.

Town and Castle of Sigmaringen: Water-colour, 1831 · La ville et le château de Sigmaringen, 1831.

Graf Eitelfriedrich II. von Zollern († 1512) und seine
Gemahlin Magdalena Markgräfin von Brandenburg († 1496).
Grabplatte in der Stiftskirche Hechingen.

Graf Karl I. von Hohenzollern († 1576).

Graf Eitelfriedrich I. von Hohenzollern-Hechingen († 1605). Graf Karl II. von Hohenzollern-Sigmaringen († 1606).

Graf Christoph von Hohen-
zollern-Haigerloch († 1592).

Graf (seit 1623 Fürst) Johann von Hohenzollern-
Sigmaringen († 1638).

Fürst Josef von Hohenzollern-
Sigmaringen († 1769).

Fürst Anton Alois von Hohenzollern-
Sigmaringen († 1831).

Fürstin Amalie Zephyrine von Hohenzollern-
Sigmaringen Prinzessin von Salm-Kyrburg.

Fürst Karl Anton von Hohenzollern(-Sigmaringen)
(† 1885).

Fürst Karl von Hohenzollern-Sigmaringen
(† 1853).

Fürst Leopold
von Hohenzollern († 1905).

Prinzessin Marie von Hohenzollern(-Sigmaringen).
Gemahlin des Grafen Philipp von Flandern († 1912).

Prinzessin Stephanie von Hohenzollern-Sigmaringen († 1859).
Gemahlin des Königs Pedro V. von Portugal.

König Carol I. von Rumänien († 1914).

Fürst Wilhelm von Hohenzollern († 1927).

Fürst Friedrich Wilhelm von Hohenzollern
und Fürstin Margarita von Hohenzollern
Prinzessin zu Leiningen.

Fürst Friedrich
von Hohenzollern
(† 1965).

24

Friedrich Wilhelm Fürst von Hohenzollern

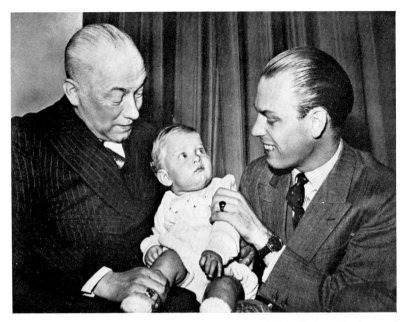

Drei Generationen: Fürst Friedrich († 1965), Fürst Friedrich Wilhelm, Erbprinz Karl
(Aufnahme aus dem Jahre 1953)

Die drei Söhne
des Fürsten Friedrich Wilhelm
von Hohenzollern:
Erbprinz Karl, sitzend,
Prinz Albrecht, links, und
Prinz Ferdinand

Die Südseite des Schlosses von 1900 bis 1906 und die
Anbauten, im Westen der Galeriebau von 1862 bis 1867,
im Osten der Wilhelmsbau von 1908, lassen den Stilwandel
der Architektur um die Jahrhundertwende erkennen.

Castle from the south · Le château vu du Sud.

Auf dem von der Donau umspülten
Felsen ragt der östliche Bau des
Schlosses empor. Die neuerstellten Giebel ▷
verstärken den Eindruck der Höhe.

Eastern section of the Castle · L'aile-est du château.

Westportal, Rundtürme Ende 15. Jahrhundert. Darüber
Wohngeschosse mit Ecktürmen von Michael Beer, 1658/59.
◁ Hauptturm 12. Jahrhundert, mit steinernem,
neogotischem Helm (1901).

West portal and principal town with Neogothic dome (1901).
Portail ouest et le donjon avec coupole néogotique de 1901.

Schloß Sigmaringen mit Donau. Links vom
Hauptturm Neubau um die Jahrhundertwende,
rechts alter Teil, Mitte 17. Jahrhundert.

Sigmaringen Castle on the Danube.
Le château de Sigmaringen sur le Danube.

Das eindrucksvolle Relief über dem Westportal, mit dem
Grafen Felix von Werdenberg und Heiligenberg, 1526,
wird der Werkstatt Dauchers aus Augsburg zugeschrieben.

Relief of atonement on the West portal.
Relief d'expiation audessus du portail-ouest.

Der steile Aufgang unter den Gewölben des Josephbaues
führt durch das ursprüngliche Eingangstor aus dem
12. Jahrhundert zum Schloßhof. Rechts lag der Wehrgang ▷
des 16. Jahrhunderts.

12th century entry · Porte d'entrée du 12ème siècle.

In der Ostseite des Innenhofes ist der Schwedische
Treppenturm eingestellt. Zwischen den hohen Fenstern steht
die Michaelsfigur, darunter das Hohenzollern-Wappen.

Swedish tower with staircase · Tour suédoise.

Die weite Eingangshalle bildet den Abschluß der Arbeit
E. von Seidls am Schloßneubau, 1906. Die flache Tonne
mit Stichkappen und die Wände sind ganz in weiß gehalten.

Entrance-hall in new section of Castle.
Entrée du nouveau bâtiment.

Seite 32

Unter dem hohen Kreuzgewölbe sind die bewegten
holzgeschnitzten Rittergestalten von Hofbildhauer Johann
Joseph Christian aus Riedlingen, um 1735, aufgestellt.

Knights on the cross-vaulting.
Statues des chevaliers dans la voûte en arête.

Seite 33

Aus dem abgeschlossenen Innenhof fällt der Blick nach Westen
auf den kleinen Böhmischen Treppenturm mit der
Georgsfigur und den hohen Viereckturm des 12. Jahrhunderts
mit neogotischem Oktogon und steinernem Helm (1901).

Bohemian tower with staircase · Tour bohémienne.

Der weiße Sandsteinkamin im Ohrmuschelstil um 1720
zeigt über geschweiften Pilastern zwei bärtige Masken und im
◁ Gesims die alttestamentliche Szene, den Besuch der drei
Engel bei Abraham und Sara, darüber eine Spruchkartusche.

Fireplace, c. 1720. Biblical scene.
Cheminée de 1720. Scène biblique.

Der Französische Salon oder Speisesaal wurde 1872
von dem Pariser Architekten M. Lambert ausgestattet.
Die Wände sind durch kannelierte Pilaster und
zart ornamentierte Flächen gegliedert.
Reich vergoldeter Stuck umrahmt das Deckengemälde.

French salon · Salon français.

Fürst Karl Anton ließ 1878 den barocken
Ahnen-(oder Ritter-)saal von 1736 durch Stuttgarter Künstler
umgestalten. Die Ahnenbilder aus der Barockzeit
wurden bis zum Fürsten Wilhelm, 1927, fortgeführt.

Ancestors' hall · Salle des ancêtres.

Graf Eitel Friedrich III. von Hohenzollern starb am
15. 1. 1525 als Hauptmann der deutschen Landsknechte
vor Pavia. Sein Sohn Graf Karl I. ließ 1561 zum
Gedächtnis sein Porträt von dem Balinger Meister Josef malen.

Portrait of Eitel Friedrich III · Portrait de Eitel Fréderic III.

Das Königszimmer wurde 1879 kostbar ausgestattet.
Unter dem Venezianischen Spiegel steht die
wertvolle Kommode mit vergoldeten Rocaillebeschlägen
von dem Pariser Ebenisten Joseph Schmitz, 1761.
Die Wände sind mit Genueser Samt bespannt.

Royal chamber · Chambre royale.

Der bekannte Niederländer David Teniers, † 1690,
zeichnete den Entwurf zu dem Bildteppich im Königszimmer. ▷
Bauernkirmes. Flämische Arbeit um 1700.

Tapestry by David Teniers · Tapisserie de Dadiv Teniers.

Der berühmte Pieter van Aelst schuf den flandrischen Bildteppich, der den Einzug König Davids in Gion darstellt.
◁ Die historischen Kostüme erinnern an den zeitgenössischen Einzug Kaiser Maximilians I. in Gent. 1477

Tapestry by Pieter van Aelst · Tapisserie de Pieter van Aelst.

Die Portugiesische Galerie, den Festsaal des Schlosses, erbaute E. von Seidl 1902 im eklektizistischen Stil. Die kostbaren flämischen Bildteppiche bilden den Schmuck der Halle.

Portuguese gallery · Galerie portugaise.

Vom gleichen Meister stammt der Bildteppich, auf dem das Bad der Bethsabee abgebildet ist. Er ist mit seinem
◁ Namen signiert und trägt die Jahreszahl 1500.

Flemish tapestry · Tapisserie flamande.

Die berühmte Waffensammlung
ist seit 1864 in dem
langgestreckten Gewölbe unter dem
Schloßhof untergebracht. Im
Vordergrund Sattel und Roßstirne
aus dem 16. Jahrhundert.

Collection of arms.
Collection d'armes.

Das deutsche Orgelgeschütz, auch Totenorgel, aus dem 15. Jahrhundert hat
fünf geschmiedete Eisenrohre, die in einen dicken, mit Eisenbändern umschlossenen
Baumstamm auf Blockrädern eingefügt sind. – Die Armbrust mit Stahlbogen
und Darmsehne stammt aus dem 16. Jahrhundert. – Radschloßpistole aus dem
16. Jahrhundert. – Steinschloßpistole aus dem 17. Jahrhundert.   ▷

German cannon, 15th century. – Cross-bow, inlaid with ivory. –
Pistols 16th, 17th century.
Canon allemand du 15ème siècle. – Arbalète avec incrustations d'ivoire. –
Pistolets 16ème, 17ème siècle.

44

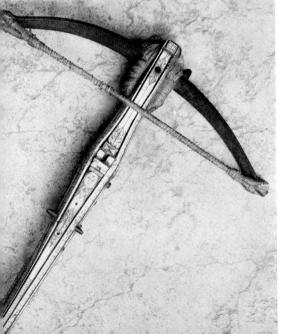

Die weite neogotische Halle (1862–1867) birgt
die Kunstsammlung des Fürstlichen Hauses. Sie enthält
◁ Bildwerke und Gemälde, vor allem
schwäbischer Meister des 15. und 16. Jahrhunderts.

Art-collection · Collection d'art.

Hausaltärchen von der Burg Hohenzollern. Das einfache
Schnitzwerk der Marienkrönung ist mit reichen
Renaissance-Ranken umgeben. Die Seitenflügel mit
weiblichen Heiligen und Wappen in zarten Temperafarben
malte der Meister von Meßkirch um 1525/30.

House-altar. Coronation of the Virgin.
Petit autel. Couronnement de la Vierge.

Seite 48

Eine geschlossene Komposition mit ausdrucksvollen
Köpfen zeigt die Grablegung aus dem Kloster Petershausen.
Stilistisch gehört sie zum Kreis des Meisters des
Blaubeurener Altars und ist 1491 datiert.

Interment of Christ, 1491 · Mise au tombeau du Christ, 1491.

Seite 49

Der Kopf der trauernden Maria (Ausschnitt) aus einer
Beweinungsgruppe läßt die reife Spätstufe schwäbischer Plastik
um Gregor Erhart in der ersten
Hälfte des 16. Jahrhunderts erkennen.

Virgin mourning · Mater dolorosa.

Die Gruppe der Trauernden gehört zu den
Glasgemälden des Saulgauer Passionszyklus.
Hans Wentzel schreibt sie
einem Konstanzer Meister um 1375 zu.

Glass-painting, 1375 · Vitraux, vers 1375.

Die Heimsuchungstafel gehört zu einem
zweiflügligen Tafelaltar. Sie ist ein Frühwerk
des Meisters von Meßkirch um 1520.

Master of Messkirch. Visitation.
Maître de Messkirch. Visitation.

Das Gemälde der Geburt Christi um 1520 ist ein Werk der
Gebrüder Hans und Jacob Strüb aus Veringenstadt,
die bekannt sind unter dem Namen „Meister von Sigmaringen".

Birth of Christ, c. 1520.
La naissance du Christ, vers 1520.

Conrad Faber aus Kreuznach
malte 1533 das Porträt des Hans von Schönitz.
◁ Im Hintergrund in zartgrünen
Farben die Landschaft mit der Stadt Passau.

Portrait of Hans von Schönitz, 1533.
Portrait de Hans von Schönitz, 1533.

Graf Friedrich von Hohenzollern, Bischof von
Augsburg, stiftete um 1500 die kupfervergoldete
Monstranz dem Haus Hohenzollern.
Das beliebte Motiv der Madonna im Rosenhag
wurde von einem bedeutenden Augsburger
Goldschmied in Metall gestaltet.

Monstrance. The Virgin in the rosary.
Monstrance. Vierge au buisson roses.

Das bronzevergoldete Weihwasserbecken aus dem 11. Jahrhundert
stammt aus der ehemaligen Abtei
Reichenau. Die umlaufenden
Reliefs stellen Christus mit den
zwölf Aposteln dar.

11th century holy water font.
Bénitier du 11ème siècle.

Der wertvollste Fund (1902)
des alemannischen Fürstengrabes
aus Gammertingen ist
der bronzevergoldete Spangenhelm
aus dem 7. Jahrhundert.

Buckled helmet from Gammertingen,
7th century.
Casque du 7ème siècle.

Seite 56
Zwei Ölgemälde um 1750, Nord- und Südseite des Schlosses.
Auf dem steilen Felsen über der Donau gegen Norden erheben sich
die Ost- und Westbauten. Über dem niedrigen Mittelteil mit den abgestuften
Dächern steht der gedrungene Turm mit der welschen Haube.
Diese Form bewahrte das Schloß bis zum großen Brand 1893; nur der Turm
wurde schon 1877 erhöht. – Die Ansicht von Süden auf Schloß und Stadt
mit Stadtmauer zeigt den einheitlichen Bau aus der Mitte des 18. Jahrhunderts.

Castle and town of Sigmaringen, c. 1750.
Le château et la ville de Sigmaringen, vers 1750.

Walter Kaufhold

SCHLOSS SIGMARINGEN UND SEINE GESCHICHTE

Die Umgebung von Schloß Sigmaringen ist reich an Zeugnissen der Vergangenheit: hier liegen die Ruinen Dietfurt, Falkenstein und Hornstein mit ihren malerischen Turmresten, hier erheben sich die alten Burgen Wildenstein, Werenwag und Straßberg und die Schlösser Meßkirch und Scheer. Unter ihnen nimmt Schloß Sigmaringen eine historisch bevorzugte Stellung ein. Seine Geschichte reicht bis in unsere Zeit; es ist der Sitz der Fürsten von Hohenzollern, die getreue Bewahrer des Schlosses und der Tradition des Fürstlichen Hauses in zeitnaher Gestaltung des Lebens sind.

Spuren früher Besiedlung Die Lage des Schlosses auf einem langgestreckten Weißjurafelsen ist einzigartig. Der Fels, der 45 m emporragt, verdankt seine Gestalt dem Donaudurchbruch an dieser Stelle. An drei Seiten durch steil abfallende Wände geschützt, war er zur Verteidigung und zur Anlage einer Burg hervorragend geeignet. Nur einzelne Stellen der Südseite erforderten künstliche Befestigung und Abspitzen der Felsen. Zeugnis von der ältesten Besiedlung gibt das bei dem Museumsbau 1862 gefundene Tongefäß mit Graphitbemalung aus der Hallstattzeit. Aus dieser Zeit wurden am Ziegelholz, östlich der Stadt, 19 Gräber gefunden. Allgemein wird angenommen, daß die Römer diesen Felsen benützt und in den Jahren bis 85 n. Chr. in den Donau-Limes einbezogen haben. Zahlreiche römische Funde in der Umgebung Sigmaringens, Bauernhöfe, Römerstraßen und die 1964 ausgegrabene Mansio machen diese Annahme wahrscheinlich. Auch die Alemannen hinterließen auf der Sigmaringer Markung zahlreiche Gräber. Die folgenden Zeiten, vom 8. bis 10. Jahrhundert, liegen im Dunkel der Geschichte.

Die erste Burg Im 11. Jahrhundert muß auf dem Felsen eine feste Burg gestanden haben. In der Petershausener Chronik findet sich die erste Nennung der Burg in dem Bericht von einer erfolglosen Belagerung im Jahre 1077 durch den Gegenkönig Rudolf von Schwaben, der beim Entsatz durch Kaiser Heinrich IV. abziehen mußte. Wer damals die Herren der Burg waren, wissen wir nicht. Ein Dynastengeschlecht, das sich nach Sigmaringen nannte und ursprünglich in Sigmaringendorf saß, muß seinen Sitz und Namen noch vor 1077 auf den heutigen Schloßfelsen übertragen haben. Am Ende des 11. und zu Beginn des 12. Jahrhunderts werden dann die ersten Grafen von Sigmaringen erwähnt.

Zu den ältesten Teilen des Schlosses gehört die untere Partie des Bergfrieds mit gewaltigen, unregelmäßigen Buckelquadern mit Randbeschlag. Es sind meist zyklopische Bruchsteine, teils aus Nagelfluh, teils aus Kalkstein. Die fast quadratischen Maße 8,23 x 8,34 m zeigen eine Mauerstärke von 3 m nach Westen und 2,50 m nach den übrigen Seiten. Das alte Burgverließ maß 3,3 x 3,3 m, der Einstieg lag 8 m über dem Burghof. Die Turmhöhe im Norden betrug 23 m, im Süden 26 m. Ursprünglich hatte der Turm vier Stockwerke und Kammern, die 4 x 4 m groß waren mit einer Mauerstärke der oberen Geschosse von 2,5 bzw. 2 m. Die vom Schloß umbauten Teile des Turmes zeigen in sehr regelmäßigen, gleichlaufenden Schichten langrechteckige Bossenquadern und unterscheiden sich von dem unteren, älteren Sockel des Turmes. Die wissenschaftliche Datierung dieser Turmform in die zweite Hälfte des 12. Jahrhunderts, die Zeit der Staufer, wird durch die volkstümliche Bezeichnung als „Römerturm" überlagert. Der Annahme eines römischen Vorgängers des Turmes, ob aus Holz oder aus Stein, steht nichts im Wege. Dem 12. Jahrhundert gehören noch folgende Bauteile an: das Tor neben dem Turm mit abgeschrägtem Würfel, schlichtem Kämpferkapitel und steilem Rundbogen aus flachen Quadern. Die nachträgliche Einfügung des Tores in die großen Bossenquadern ist noch erkennbar. Auch der noch erhaltene Bogenfries an der Nordseite und die dicken Mauern

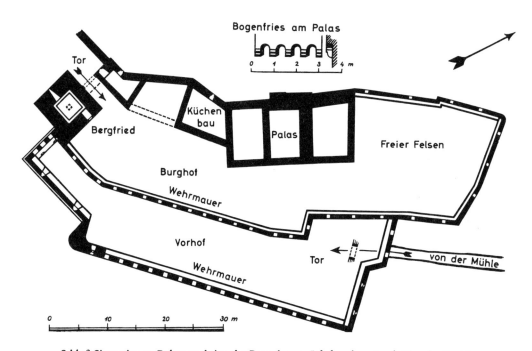

Schloß Sigmaringen. Rekonstruktion der Burg des 12. Jahrhunderts (nach Zingeler/Buck).

des Palas können in diese Zeit datiert werden. Das Tor erforderte eine Zugbrücke und eine sichernde Vorbastion, deren Fundamente etwa 4 m nordwestlich vorsprangen.

Die Rekonstruktion der mittelalterlichen Burg ergibt ein bescheidenes Bild. Der Bergfried und der Wehrgang, im Südwesten vorspringend, sicherten das Burgtor mit dem Wächterhaus. Etwa in der Mitte des Hofes, an der Nordseite, lag der 45 m lange Palas mit den noch erhaltenen starken Fundamenten und dem Bogenfries an der Außenseite. In der Verbindung zum Turm lag das Küchenhaus. Das übrige war freier Felsen, der mit Ringmauern umschlossen war. Im Süden ergab sich durch das sanfter abfallende Gelände ein mit Mauern geschützter tiefer liegender Vorhof, zu dem von Osten her ein steiler Reitpfad von der Mühle hinaufführte. Beim Abtragen des Burggärtleins im Jahre 1971 kam das rundbogige Tor dieses Reitpfades zum Vorschein. Im Südwesten, dem Felsen folgend, hatte der Vorhof zwei abgewinkelte Eckbastionen. Der höher gelegene Burghof war durch eine 6 m hohe Mauer aus schöngefügten Buckelquadern gesichert, die beim Neubau der Portugiesischen Galerie (1902) entdeckt wurde. Auf der Rekonstruktion S. 58 sind die besprochenen Teile der alten Burg gut erkennbar.

Die Herren der Burg im Mittelalter Bis zum Ende des 14. Jahrhunderts hatten die Burg und die sich ihr anschließende Siedlung eine wechselvolle Geschichte. Von der Mitte des 12. bis zur Mitte des 13. Jahrhunderts waren die Grafen von Spitzenberg-Helfenstein Besitzer von Burg und Herrschaft Sigmaringen. Um die Mitte des 13. Jahrhunderts erscheinen Burg und Grafschaft Sigmaringen im Besitz des Grafen Gebhard von Sigmaringen. In dieser Zeit wurde die Burgsiedlung zur Stadt erhoben. Besitznachfolger sind dann wieder die Grafen von Helfenstein und seit 1270 die Grafen von Montfort. Zwischen 1287–1290 kaufte König Rudolf von Habsburg Stadt und Herrschaft. Vor 1325 kam sie dann als Pfand an die Grafen von Württemberg, die sie 1399 an Graf Eberhard von Werdenberg, nun als Württembergisches Eigen, verpfändeten. 1459 erwarben die Werdenberger Burg und Grafschaft von Württemberg als Eigentum und trugen sie 1460 dem Kaiser zu Lehen auf.

Burg und Schloß der Grafen von Werdenberg Dieser Burg gaben die Werdenberger ein stattlicheres Aussehen, wie die Zimmerische Chronik berichtet: „dadurch sie dann dermaßen gepessert, daß sie ire Schloß zu Sigmaringen erbawen". So entstanden Ende des 15. Jahrhunderts auf dem östlichen Plateau zwei Wohnbauten, die quer zur Längsrichtung standen. Der vordere, ältere Bau überdeckte zur Hälfte den alten Palas und hatte im Winkel gegen diesen einen Treppenturm. An diesen Bau erinnert heute noch am Schwedischen Treppenturm ein wieder eingesetzter Türsturz mit der Jahreszahl 1498 in gotischen Minuskeln mit Eselsrückenbogenornament. Der zweite Bau stand etwas schräg versetzt, dem Felsen folgend, so daß ein spitzwinkliger Innenhof frei blieb. Durch den vorderen Bau führte ein doppeltes Tor zu dem am äußersten Ende gelegenen Ostbau. In ihm lag an der südlichen Seite die Schloßkapelle. Eine alte holzgeschnitzte Kapellentür mit der Darstellung des Jüngsten

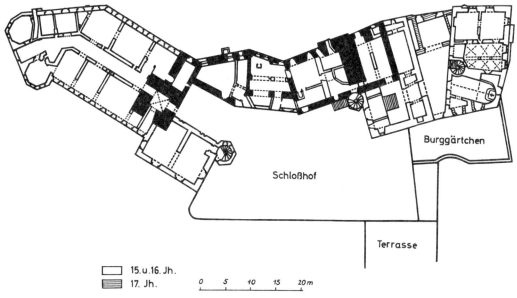

Schloß Sigmaringen vor dem Brand 1893.

15. u. 16. Jh.
17. Jh.

Burggärtchen

Schloßhof

Terrasse

0   5   10   15   20m

Gerichts und der Jahreszahl 1335 ist erhalten; sie wurde nach der Beschädigung durch den Brand von 1893 in die Waffenhalle versetzt. Ob diese Tür von einer älteren Burgkapelle stammt, läßt sich nicht nachweisen. Die östlichen Bauten hatten nach Süden und Norden mehrere Steingiebel. Ein Gemälde des 17. Jahrhunderts (im Schloß), das an Merian erinnert, zeigt die nördlich vorspringenden Giebel mit drei nebeneinanderliegenden spitzen Dächern. Auch nach Westen vergrößerten die Werdenberger das Schloß durch den Anbau der zwei starken, runden Wehrtürme, deren untere Geschosse mit Schießscharten noch erhalten sind. Der südliche Turm war durch einen 25 m langen Wehrgang mit dem Hauptturm verbunden. Im nördlichen Turm war das Burgverließ. Durch diese Bauten am Ende des 15. und zu Beginn des 16. Jahrhunderts wurde die Burg zu einem Schloß umgebaut. Eine Vorstellung der Bauweise dieser Zeit gibt das Werdenberger Schloß in Trochtelfingen.

Die Erinnerung an die Werdenberger hat sich in einem kunstvollen Relief über dem Westportal erhalten. Der Überlieferung nach stellt es eine Sühnetafel dar für den Mord des Grafen Felix zu Werdenberg an dem Grafen Andreas von Sonnenberg (1511), den er auf freiem Feld im Kampf aus Rache für eine Schmähung erschlagen hat. Es zeigt in einer von Pilastern mit Blumenranken umrahmten Nische, deren Rückseite ein Teppichmuster aus Akanthusblättern ziert, die Pietà. Vom Scheitel des Nischenbogens hängen zwei Girlanden mit einem Spruchband: „Mater Dei, memento mei". In den Zwickeln über dem flachen Bogen sitzen zwei geflügelte Drachen. Links von der auf einem

Werdenberger Relief

60

Nischenmuschelsessel sitzenden Maria kniet Graf Felix von Werdenberg, barhäuptig mit gefalteten Händen, von zierlicher Gestalt, in voller Ritterrüstung mit dem Orden des Goldenen Vließes. Rechts steht von großen Ranken umgeben der gevierte Wappenschild mit der Werdenberger (Pfalzgräflich-Tübingischen) Fahne und der Heiligenberger Stiege (Zickzackschrägbalken). Die doppelte Helmzier zeigt Mitra und Bracke. Die untere Rahmenleiste enthält in Minuskeln die Inschrift: „Felix graff zu werdenberg und zuo dem hailigenberg 1526". Das aus grauem Sandstein gehauene Relief wird der Werkstatt Dauchers in Augsburg zugeschrieben.

Residenzschloß der Hohenzollern

Renaissance
Nach dem Aussterben der Werdenberger (1534) bezieht Graf Karl I. (1535–1576) von Hohenzollern das Schloß. Aus seiner Zeit sind keine baulichen Veränderungen bekannt. An der Südseite des Schlosses hat sich eine Relieftafel mit der Jahreszahl 1559 und dem Monogramm AK erhalten. Graf Karl I. war mit der Markgräfin Anna von Baden vermählt. Vermutlich erinnert die Tafel an den 25. Jahrestag der Lehensübertragung der Grafschaft Sigmaringen an die Hohenzollern. Erst sein Sohn Karl II. (1576–1606) tritt als Bauherr auf. Er läßt die Burgeinfahrt zwischen Westtürmen und Wehrgang bis zum Hauptturm überwölben.

Ein Vertrag vom 26. Januar 1627, den Fürst Johann (1606–1638) mit dem Meister Hans Albertal aus Dillingen abschloß, berichtet von umfangreichen Bauvorhaben am Schloß. Als Obristhofmeister unter dem bayrischen Kurfürsten Maximilian I. brachte er diesen bekannten Baumeister der Renaissance nach Sigmaringen. Errichtet wurden der zweigeschossige Aufbau über den Gewölben zwischen den beiden Westtürmen bis zum Hauptturm und das Dach auf der Badstube. Nach einem zweiten Vertrag vom 29. November 1627 erneuerte Albertal den Treppenturm, der zu den Fürstlichen Zimmern führte, und die darunterliegenden, weitgespannten Gewölbe. Auch die an der Südseite gelegene 140 Schuh lange Mauer und die Gewölbe, jetzt Waffenhalle, wurden neu aufgeführt. Als Abschluß nach Süden erhielt diese Mauer offene Arkaden. Der umfangreiche Vertrag enthält viele Arbeiten an Mauern und Gewölben, die aufzumauern sind, so an der vorderen Hauptmauer. Die Erneuerung eines weiteren Treppenturms, heute Böhmischer Turm, und die Errichtung einer Schreibstube für den Fürsten sind erwähnt. Der Schloßhof wurde gepflastert.

Dieses fürstliche Renaissanceschloß erlebte in den Jahren des 30jährigen Krieges die Schrecknisse dieser unheilvollen Zeit. 1632 besetzten die Schweden das Schloß. Ende des Jahres schon überfielen die Kaiserlichen die Besatzung und vertrieben sie. Im März des folgenden Jahres erschien der schwedische General Horn und eroberte Stadt und Burg zurück. Am 5. März wurde das Schloß von der Donauseite her in Schutt und Asche gelegt. Die Folgen sind heute noch zu erkennen, da die ausgebesserten Stellen sich von den schöngefügten alten Teilen unterscheiden.

Erst Fürst Meinrad I. (1638–1681) ließ 1658/59 die abgebrannten Teile wieder auf-
bauen. Darüber liegen Verträge vor mit dem Vorarlberger Baumeister Michael Beer aus
Au und den Zimmermeistern Hans Wilhelm aus Au und Hans Simon aus Laiz. Beer
vereinigte die beiden östlichen, werdenbergischen Giebelbauten mit dem spitzwinkligen,
offenen Innenhof unter einem großen Dach, das nach Osten mit einem Walm, nach
Westen mit einem Fachwerkgiebel abschloß. In den Innenhof fügte er ein Treppenhaus
ein und erstellte die noch heute vorhandenen zweigeschossigen Westbauten mit den
Stukkaturen in einfachen Rechteckformen. Der Westbau des Schlosses bewahrt bis heute
den einfachen, eindrucksvollen Stil Michael Beers. Erwähnt sei aus dieser Zeit die Tür-
umrahmung des Werdenbergzimmers mit der Jahreszahl 1679, das ebenfalls unter Fürst
Meinrad ausgestattet wurde. An die Südostecke wurde der Fruchtkasten angefügt.

Dem baufreudigen Fürsten Joseph (1715–1769) verdankt Schloß Sigmaringen den
Ausbau des heute noch nach ihm benannten Josephbaus. In diesem zweigeschossigen
westlichen Teil über den Tortürmen bis zum alten Turm liegen die schönsten Gemächer
des Schlosses. Er ließ sie stukkieren und ausmalen, so 1736 den Rittersaal, heute Ahnensaal. Vermutlich sind Reste des Stucks in den Türumrahmungen und Supraporten noch
erhalten. Die schadhafte Decke wurde 1878 abgeschlagen. Im Rokokozimmer im oberen
Geschoß des westlichen Eingangsturms, sehen wir noch das vergoldete Bandelschnitz-
werk über blauer Tapete mit zahlreichen eingefügten niederländischen Gemälden des
17. Jahrhunderts. Unter der übermalten Decke befinden sich Fresken des 18. Jahrhunderts. Die Zeit des Fürsten Joseph huldigte begeistert der Jagd. Daran erinnert im
Jagdzimmer ein den ganzen Raum umfassendes Ölbild, auf dem eine Hofjagd mit
Fürstenstand und Fuchsjagd der Damen dargestellt ist mit der Inschrift: Ex mandato
Caroli Frid. Princ. de. Hohenz. Sig. 1753. Gemeint ist Karl Friedrich, der Sohn und
Nachfolger des Fürsten Joseph. Die Decke im Badischen Salon zeigt das Bandelwerk
aus der ersten Hälfte des 18. Jahrhunderts. Für den Besucher des Schlosses wird die
Welt des Barock sichtbar in den vier lebensgroßen, reichbewegten Rittergestalten, die
unter dem großen, offenen Bogen zum Aufgang des Josephsbaus auf Konsolen stehen;
sie sind um 1735 von Hofbildhauer Joh. Jos. Christian aus Riedlingen geschaffen worden.
In den hohen Bogen des Westportals malte Meinrad von Ow aus Sigmaringen das
hohenzollerische Wappen und ein von ihm signiertes Ölbild: Burggraf Friedrich von
Zollern überbringt Graf Rudolf von Habsburg die Nachricht von der Erwählung zum
König. Der Marstall, den Fürst Joseph 1724 mit Mansardendach errichtete, hat seine
alte Form bis heute bewahrt. Unter Anton Alois (1785–1831) erfolgten umfangreiche
Veränderungen in den Jahren 1815/17. 1815 wird der Fruchtkasten im Südosten unter-
halb des Schlosses zum hohen, fünfgeschossigen Kavalierbau für Gäste und für die
Wohnung des Hofmarschalls umgebaut, wie es Aquarelle von J. F. Peters 1851 zeigen.

Eine neue umfassende Umgestaltung erlebte das Schloß durch den Fürsten Karl Anton (1848–1885), in dessen Zeit Schloß Sigmaringen im Blickfeld europäischer Geschichte stand und zahlreiche Kaiser- und Königsbesuche erleben durfte. Bei den Umbauten im Innern wurde 1855 durch Herausnehmen von Wänden im Obergeschoß neben dem Turm ein altdeutscher Saal eingerichtet und die Holzbalkendecke des 16. Jahrhunderts mit Ornamenten aus Papiermasse freigelegt und ergänzt. Wertvolle, alte Kachelöfen des 17. Jahrhunderts werden im Josephsbau aufgestellt. Auf Anregung von Baron Karl von Mayenfisch und Hofbaurat Josef Laur wurden 1860 die Naturfelsen der Kasematte, die rechts von der Eingangshalle liegt, verebnet, und der gewölbte Raum in eine Trinkstube mit einem großen, offenen Sandsteinkamin aus Glatt umgestaltet. Dieser Kamin ist der obere Teil des Brunnentrogs aus dem Jahre 1569, der jetzt im Schloßhof steht. Kupfertafeln mit den Wappen herrschaftlicher Gäste sind an dem klassizistischen Gestühl an den Wänden angebracht.

Von der kleinen neuerrichteten Felsenterrasse vor der Kasematte bietet sich ein herrlicher Blick auf die Donau und den gegenüberliegenden Mühlbergfelsen. Der erwähnte Brunnentrog, aus dessen Löwenmaul das Wasser heute noch im Schloßhof plätschert, hat auf der Stirnseite zwei Wappen: im Schild einen Balken, darüber einen Stern (Hans Heinrich von Neuneck, † 1578) und zwei aufgerichtete abgewendete Löwen (Margarethe von Rechberg, † 1614). Fast in jedem Jahr unternahm Fürst Karl Anton neue Um- und Anbauten.

Für seine berühmten Kunstsammlungen errichtete er den Galeriebau. Die Pläne sind von Baurat Krüger aus Düsseldorf und Josef Laur. Ein weitgespannter Spitzbogen mit Treppenturm verbindet das Schloß mit dem Galeriebau, der anstelle der alten Wagenremise in den Jahren 1862–1867 aus behauenen Bruchsteinen aufgeführt wurde. Zwei Staffelgiebel im Westen und Osten zieren den Bau, dessen hohe dreiteilige Fenster an den Langseiten ebenfalls mit kleinen Staffelgiebeln versehen, über das Dach emporragen. Die dreischiffige neogotische Halle, deren Holzdecke in der Mitte von spitzbogigen Streben getragen wird, zieren acht geschnitzte Holzsäulen. Der obere Teil der Wände ist mit Bildnissen altdeutscher Meister von Kunstmaler Andreas Müller aus Düsseldorf ausgemalt. Die reichhaltige Kunstkammer enthielt größtenteils vom Fürsten Karl Anton selbst gesammelte Stücke: frühe Teppiche, Gemälde von Altdorfer, Cranach und Holbein und vieler anderer bedeutender altdeutscher, niederländischer und italienischer Meister, hervorragende Schnitzwerke und romanische Metallarbeiten, Gläser und Keramik. Sehenswürdigkeiten des Museums sind heute nach dem Verkauf von 1927 Einzelstücke des Kunstgewerbes (Weihwasserbecken, 11. Jh., und Monstranz, 15. Jh.), schwäbische Plastik des 15. und 16. Jahrhunderts, Gemälde von Jörg Stocker, den Gebrüdern Strüb (Meister von Sigmaringen), des Meisters von Meßkirch und anderer, vor allem schwäbischer Meister. Im unteren Geschoß zeigt die schon vor 1850 begonnene vor- und frühgeschichtliche Sammlung einzigartige Stücke aus der Jungsteinzeit, Bronzezeit, Hallstattzeit und den berühmten alemannischen Fund aus Gammertingen (1902). Für die Waffensammlung, die heute zu einer der größten und berühmtesten Privatsammlungen Europas dieser Art zählt, wurde 1864 das als Holzaufbewahrungsraum dienende Gewölbe mit neugotischen Rippen unter dem Schloßhof eingerichtet. Als interessante Einzelstücke seien erwähnt: das Orgelgeschütz aus dem 15. Jahrhundert, zwei Feldschlangen von 1579/81, ferner viele prachtvolle Rüstungen, Lunten-, Radschloß- und Steinschloßgewehre, Helme, Hellebarden, Partisanen und Spontons, Schwerter, Degen und viele andere Waffen.

Im Jahre 1866 wird der Marstall erneuert. Eiserne Träger ersetzen die hölzernen, marmorne Wandverkleidungen über den granitenen Futtertrögen und ein neuer Sandsteinboden machten ihn zu einem der schönsten seiner Art.

Der Speisesaal, wegen des französischen Architekten M. Lambert aus Paris heute französischer Salon genannt, wurde 1872 um sechs Stufen erhöht, die Decke duftig ausgemalt, und der Saal im Stil Louis XVI. ausgestattet. Im Königszimmer wurde eine Holzkassettendecke unter der alten Stuckdecke eingezogen. *Säle und Salons*

Zu einem notwendigen, höher gelegenen Wasserreservoir für das Schloß und seine Anbauten ließ Fürst Karl Anton 1877 den Turm erhöhen: Die welsche Haube wurde entfernt und an ihre Stelle ein spitzer Helm aufgesetzt; die Gesamthöhe des Turms betrug 76,39 m über dem Donauspiegel. Die Pläne fertigte Josef Laur. Eine Vorstellung von diesem Turm gibt heute noch der kleine Treppenturm am Galeriebau.

Die Umgestaltung des Ahnensaals 1878 durch die Stuttgarter Maler Madaus und Lesker und den Stukkateur Roddo aus Stuttgart ist das letzte Werk des Fürsten Karl Anton. Das Deckengemälde von Lesker ist eine Allegorie auf die Geschichte mit Uranos, Abundantia, Mars und Concordia. Die rosenspendende Aurora ist umgeben von den Genien des Handels und der Schiffahrt. Neben dem Wahlspruch des Hohenzollernschen Hauses: „Nihil sine Deo" sind die Wappen von Hohenzollern, Belgien, Rumänien und Portugal gemalt. Die Ovale stellen die Tugenden Weisheit, Gerechtigkeit, Kraft und Beständigkeit dar. In die Supraporten wurden Gemälde der Burg von Nürnberg und die zum hohenzollerischen Besitz gehörenden Schlösser Hechingen, Sigmaringen, Haigerloch, Burg Hohenzollern und s'Heerenberg von Maler Hettich angebracht und 26 Ahnenbilder an der Wand zwischen den Kandelabern eingefügt. Der umfassende, künstlerische Ausbau der Säle durch Fürst Karl Anton führte in der Nachahmung verschiedenartiger Stilformen zu einer interessanten Vielfalt. Als Fürst Karl Anton 1885 starb, hinterließ er ein für seine Zeit prachtvoll ausgestattetes Schloß, das seiner kunstliebenden Persönlichkeit ein bleibendes Andenken sichert.

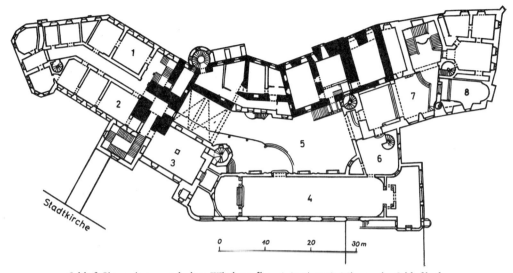

Schloß Sigmaringen nach dem Wiederaufbau (1895/1906). Niveau des Schloßhofs.
1 Jagdzimmer · 2 Werdenberger Zimmer · 3 Altdeutscher Saal · 4 Portugiesische Galerie
5 Schloßhof · 6 Hubertushalle · 7 Eingangshalle · 8 Kapelle

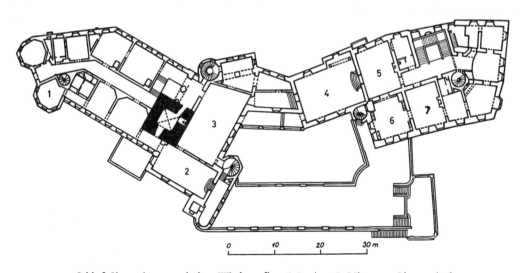

Schloß Sigmaringen nach dem Wiederaufbau (1895/1906). Niveau 1. Obergeschoß.
1 Rokokozimmer · 2 Königszimmer · 3 Ahnensaal · 4 Französischer Salon · 5 Roter Salon
6 Schwarzer Salon · 7 Grüner Salon

Am 17. April 1893 zerstörte ein verheerender Schloßbrand den östlichen Flügel, die beiden werdenbergischen Bauten bis zum französischen Saal, der durch ein Notdach erhalten werden konnte. Der Wiederaufbau nach den langwierigen Aufräumungsarbeiten begann 1895 unter Leitung von Hofbaurat de Pay. Das Richtfest für die vollendeten Maurerarbeiten und das geschlossene Dach konnte am 14. Dezember 1895 gefeiert werden. Nach dem Tode de Pays (1899) übertrug Fürst Leopold dem Münchner Architekten Professor Emanuel von Seidl die Gesamtleitung und Verantwortung für den Außen- und Innenausbau. Zunächst wurde 1900 der Giebel an der Südseite erneuert. Im folgenden Jahr wird der Turmaufbau von 1877 abgebrochen und durch ein massives Oktogon mit Helm aus Tuffsteinen im neogotischen Stil ersetzt und auf eine Gesamthöhe von 102 m über dem Donauspiegel gebracht. Auch die beiden achteckigen Treppentürme im Innenhof, der Böhmische und Schwedische, erhalten neue Aufbauten mit unterschiedlichen welschen Helmformen. Am Böhmischen Turm wird eine Georgsfigur angebracht. Drei hohe Fassadengiebel im Renaissancestil schließen den östlichen, höchstgelegenen Teil des Baues mit einem Querdach ab, das ein Pavillon krönt. Diese Giebel sind charakteristisch für den Stil Emanuel von Seidls. Der Eklektizismus, dem er huldigte, gab dem Neubau des Schlosses vielfältige Formen. Sein Bruder, Gabriel von Seidl, ist unter den Münchner Architekten um die Jahrhundertwende in dieser Richtung führend. Die spielerische Verwendung verschiedenster Stile zeigt sich in der Fenstergestaltung des Innenhofs, in der bunten Zusammenstellung verschiedener Formen und Umrahmungen. Eine Mischung von Renaissance und Jugendstil erhält der 1902 errichtete Terrassensaal, heute Portugiesische Galerie. Ihr Schmuck sind die flandrischen Bildteppiche mit der Darstellung der Geschichte Davids und Bethsabees und König Salomons von Pieter van Aelst (1500). Durch diesen Bau wird der früher offene Schloßhof abgeschlossen und verkleinert.

Der Ausbau der Innenräume des Ostflügels erfolgte 1903–1906 im eklektizistischen Stil, der in unserer kunsthistorisch interessierten Zeit wieder Beachtung findet. In der Eingangshalle mit romanisierenden Türgewänden und gotisierenden Balustraden stehen Ritterrüstungen aus dem 15. und 16. Jahrhundert und ein Kamin im Ohrmuschelstil aus dem Anfang des 17. Jahrhunderts. Die anliegende Schloßkapelle, deren Decke mit neogotischen Gemälden ausgestattet ist, enthält Glasfenster aus dem Ende des 14. und einen Schnitzaltar vom Ende des 15. Jahrhunderts. Auf dem Altar stehen wertvolle silberne Hausreliquiare, Ulmer Arbeiten von 1593/96. Das Treppenhaus aus Adneter Marmor schmücken Gemälde geistlicher Würdenträger und des hl. Fidelis von Sigmaringen, ein Bildteppich des 17. Jahrhunderts und barocke Möbel mit Jagdintarsien. Die Josephinengemächer, der blaue und grüne Salon, sind mit Bildnissen der Fürstlichen Familie, der Fürstin Josephine, ihres Gemahls Fürst Karl Anton und ihrer Kinder, ausgestattet. Von den vielen Portraits seien die hervorragenden des Grafen Karl I. von Hohenzollern und seiner Gemahlin Anna von Baden aus dem 16. Jahrhundert im roten Salon erwähnt. Ein eindrucksvolles Beispiel der Ausgestaltung der Säle durch Emanuel von Seidl ist der rote und der schwarze Salon, in denen starke Farbkontraste – gold, rot und schwarz – bestimmend sind. Im roten Salon fällt besonders der vergoldete Wandfries und Kaminaufsatz und eine farbenfrohe Decke, von Knochel, auf. Eine mit grauem Marmor verkleidete Tür im Jugendstil führt in den schwarzen Salon mit stuckierter und Graphit bemalter Kassettendecke. Vor den mit Genueser Samt bespannten und mit Venezianischen Spiegeln geschmückten Wänden stehen vergoldete Säulen. Die Formen der Imitation in der zweiten Hälfte des 19. Jahrhunderts unter Fürst Karl Anton zeigen stärkere Angleichung an die Vorbilder als der Eklektizismus Seidls um die Jahrhundertwende, der dem Jugendstil zustrebte.

Die baugeschichtliche Betrachtung des Schlosses zeigt die Entwicklung von der mittelalterlichen Burg, deren Reste im Turm und Bogenfries am einstigen Palas erhalten blieben, zum Fürstlichen Residenzschloß, dessen Grundlagen die Grafen zu Werdenberg gelegt haben. Die meisten Bauteile der Renaissance und der Barockzeit haben sich durch die Veränderungen im 19. Jahrhundert und um die Jahrhundertwende des 20. Jahrhunderts nur in wenigen Resten erhalten. Der westliche Teil mit seinem wuchtigen Eingangsportal zwischen den alten Rundtürmen, seinen geschlossenen Mauern und dem ruhigen Walmdach steht in scharfem Kontrast zu der Repräsentativarchitektur des Ostflügels. Diese Vielfalt in der inneren und äußeren Gestaltung macht das Schloß zu einem interessanten Anschauungsobjekt der Architektur und Kunst vom 12. bis zum 20. Jahrhundert.

THE CASTLE OF SIGMARINGEN AND ITS HISTORY

The many architectural styles of the Castle are dominated by that prevalent at the turn of the century. The oldest sections from the 12th century, the square tower up to the octogon, the adjacent gateway and the frieze on the arche of the old palace to the north are almost hidden. The fortified part of the Castle stretched from the main tower to the rocky face in the east. The courtyard was surrounded by ramparts; at the north end stood the palace.

First mention of the Castle is in the Petershausen Chronicle, in a report of an unsuccessful siege in 1077 by Rudolf, rival-king of Swabia. Then, at the end of the 11th and the beginning of the 12th century, the first Counts of Sigmaringen are mentioned. Subsequent owners were the Counts of Helfenstein and round 1270 the Counts of Montfort. Round 1287 Castle and feudal fief were purchased by Rudolf of Habsburg. Before 1325 they passed as security to the Counts of Württemberg, who forfeited them to Count Eberhard of Werdenberg. In 1459 the Counts of Werdenberg acquired full possession of the Castle. By further wings and towers added at the turn of the 16th century, they extended the Castle into a residence. Mainly on the west side two towers with a connecting passage were added, and in the east two high gabled buildings, running at right-angles to the rocks.

When the Werdenberg line died out in 1534 King Ferdinand gave the Castle in fief to the Counts of Hohenzollern in 1535. Under Prince Johann, Hans Albertal of Dillingen supervised extensive building operations in 1627: the two-storeyed superstructure above the vaulting between the two West Towers was added.

The Swedes razed this princely Renaissance residence to the ground in the Thirty Years' War (1633). Under Prince Meinrad I (1658/59) Michael Beer from Vorarlberg rebuilt the Castle. Both gabled buildings were joined by a hiproof and the two-storeyed West wings that still exist today were also built.

Prince Joseph commissioned a Baroque decoration of the interior, as in the Ancestors' Hall, completed in 1736.

Prince Karl Anton had the whole Castle renovated (1848–1885). The Castle of Sigmaringen was a focus of European history at this time, for not only was the Prince important as Prime Minister of Prussia, he also had family-connections with the royal houses of Belgium, Portugal and Rumania. Many of the festive chambers and halls of this time can still be seen: the ancestors' hall, banqueting-hall and royal suite. This art-loving Prince also commissioned the gallery (1862–1867) and the armoury.

After the great conflagration in 1893 Emanuel von Seidl from München rebuilt the East Wing, the superstructure of the tower and the Portuguese gallery (1900–1908) in the eclectic style still visible today.

L'HISTOIRE DU CHATEAU DE SIGMARINGEN

Parmi les diverses formes architecturales du château c'est le style de la fin du 19ème siècle qui prédomine. Les parties les plus anciennes, la tour principale en carré, le portail et la frise du vieux «palas» au nord qui datent du 12ème siècle sont à peine visibles. Le château fort s'étendait de la tour principale jusqu'aux rochers escarpés à l'est, le «palas» se dressait au nord de la cour qui était entourée de murs d'enceinte.

Le «burg» est cité pour la première fois dans la chronique de Petershausen en 1077, année au cours de laquelle il fut assiégé sans succès par le roi adversaire Rudolf de Souabe. Alors, à la fin du 11ème et au début du 12ème siècle, les comtes de Sigmaringen sont mentionnés authentiquement. Les comtes de Helfenstein et, vers 1270, les comtes de Montfort furent leurs successeurs. Vers 1287 Rudolf de Habsburg acheta le château et le domaine. Avant 1325 ils furent mis en gage aux comtes de Wurtemberg.

En 1459 les comtes de Werdenberg acquirent le château fort qu'ils transformèrent en château, par la construction d'annexes, à la fin du 15ème siècle. On construisit à l'ouest, à côté de la tour principale deux tours avec chemins de ronde, et à l'est deux hautes constructions à pignons.

La famille de Werdenberg s'étant éteinte en 1534 le roi Ferdinand Ier en 1535 donne le château en fief aux comtes de Hohenzollern. En 1627 le prince Johann confia à Hans Albertal de Dillingen de grands projets de construction: c'est alors qu'on érigea les deux étages au-dessus de la voûte entre les deux tours occidentales.

Ce magnifigue château Renaissance fut réduit en cendres par les Suédois en 1633. Michel Beer, architecte de Vorarlberg le reconstruisit 1658/59 sous le règne de Meinrad Ier; il réunit les deux bâtiments à pignons par un vaste toit à deux pentes et construisit les bâtiments-est à deux étages qui existent encore. Le prince Joseph fit décors en baroque, ainsi la salle des ancêtres en 1736.

Sous le prince Karl Anton (1848–85) une nouvelle forme fut donné au château. Par son importance politique en tant que président du Conseil de Prusse et grâce aux liens parentaux avec les maisons royales de Belgique, du Portugal et de Roumanie, il fit du château de Sigmaringen un centre de l'histoire européenne. Quelques salles des festivetés, la salle des ancêtres, la salle à manger et la chambre royale nous sont restées; de même les galeries (1862–67) et la salle d'armes que fit construire le prince amateur d'arts. Après la grande incendie en 1893 Emanuel de Seidl de Munique donna à l'aile-ouest, aux tours et à la galerie portugaise leur aspect actuel en style eclectique.

LITERATUR

Zur Geschichte der schwäbischen Hohenzollern

Bader, K. S.: Der deutsche Südwesten in seiner territorialstaatlichen Entwicklung, Stuttgart 1950 – *Baur, F.:* Geschichte der Hohenz. Staaten Hechingen und Sigmaringen, Sigmaringen 1834–36 – *Bernhardt, W., Seigel, R.:* Bibliographie der hohenzollerischen Geschichte, Sigmaringen 1975 – *Bernhardt, W.:* Die hohenzollernsche Erbteilung im Jahre 1576, Zeitschrift für hohenzollerische Geschichte 12, 1976 – *Dittrich, J.:* Bismarck, Frankreich und die spanische Thronkandidatur der Hohenzollern, München 1962 – *Eisele, K. F.:* Studien zur Geschichte der Grafschaft Zollern und ihrer Nachbarn, Stuttgart 1956 – *Gönner, E.:* Die Revolution von 1848/49 in den hohenz. Fürstentümern und deren Anschluß an Preußen, Hechingen 1952 – *Grossmann, J., Berner, E., Schuster, G., Zingeler, K. Th.:* Genealogie des Gesamthauses Hohenzollern, Berlin 1905 – *Herberhold, F.:* Die österreichischen Grafschaften Sigmaringen und Veringen, in Vorderösterreich Bd. 2, Freiburg 1959 – *Hintze, O.:* Die Hohenzollern und ihr Werk, Berlin 1916 – *Jänichen, H.:* Zur Geschichte der ältesten Zollern, Hohenz. Jahreshefte 21, 1961 – *Kallenberg, F.:* Die Fürstentümer Hohenzollern am Ausgang des Alten Reiches, Diss. Tübingen 1961 – *Kallenberg, F.:* Die Fürstentümer Hohenzollern im Zeitalter der französischen Revolution und Napoleons, Zeitschr. f. d. Gesch. d. Oberrheins 111, 1963 – *Maier, J.:* Charakteristische Profile der Grafen und Fürsten von Hohenzollern-Sigmaringen, Hohenzollerische Jahreshefte 10, 1950 – *Mayer, D. W.:* Die Grafschaft Sigmaringen und ihre Grenzen im 16. Jahrhundert, Sigmaringen 1959 – *Schmid, L.:* Die älteste Geschichte des erl. Gesamthauses der königl. und fürstl. Hohenzollern, 3 Teile Tübingen 1884–88 – *Schultze, J., Schuhmann, G., Seigel, R.:* Artikel „Hohenzollern", in: Neue deutsche Biographie, 9. Bd., 1972 – *Seigel, R.:* Die Entstehung der schwäbischen und der fränkischen Linie des Hauses Hohenzollern. Ein Beitrag zur Genealogie und zum Hausrecht der älteren Zollern, Zeitschrift für hohenzollerische Geschichte 5, 1969 – *Stemmler, E.:* Zollern und Hohenberg vom 12. bis 16. Jahrhundert, Hohenz. Jahreshefte 21, 1961 – *Stillfried, R., Maerker, T.:* Hohenzollerische Forschungen I, Berlin 1847 – *Stillfried, R., Maerker, T.:* Monumenta Zollerana, 8 Bde. Berlin 1852–90 – *Ulshöfer, W.:* Das Hausrecht der Grafen von Zollern, Sigmaringen 1969 – *Zingeler, K. Th.:* Das Wappen des Fürstl. Hauses Hohenzollern, Görlitz 1889.

Zur Geschichte des Schlosses

Barack, K. A.: Zimmerische Chronik, Tübingen 1881/82 – *Genzmer, W.:* Die Kunstdenkmäler Hohenzollerns II, Stuttgart 1948 – Handbuch der historischen Stätten Deutschlands VI, Baden-Württemberg, Kröners Taschenausgabe Bd. 276, Stuttgart 1965 – *Hebeisen, G.:* Katalog des Fürstlich Hohenzollernschen Museums in Sigmaringen, Sigmaringen o. J. – *Hebeisen, G.:* Fürstlich Hohenzollernsches Schloß Sigmaringen, Sigmaringen o. J. – *Hebeisen, G.:* Kurze Geschichte der Stadt Sigmaringen, o. O. 1925 – *Ingenhoff, H. D.:* Der Meister von Sigmaringen, Stuttgart 1962 (mit ausführl. Lit.-Verz.) – *Kuhn-Rehfus, M.:* Sigmaringen 1077–1977. Ein Abriß seiner Geschichte, in: 900 Jahre Sigmaringen 1077–1977, hrsg. v. d. Stadt Sigmaringen, Sigmaringen 1977 – *Rieffel, F.:* Das Fürstlich Hohenzollernsche Museum zu Sigmaringen, Gemälde und Bildwerke, Städel-Jahrbuch 3/4, 1924 – *Salm, Ch. A.:* Der Meister von Messkirch, Diss. Freiburg i. Br. 1950 – *Schefold, M.:* Hohenzollern in alten Ansichten, Konstanz 1963 – *Sprinz, H., Lossen, O.:* Die Bildwerke der Fürstlich Hohenzollernschen Sammlung, Sigmaringen-Stuttgart 1925 – *Zingeler, K. Th.:* Sigmaringen und seine nächste Umgebung, Sigmaringen 1877 – *Zingeler, K. Th., Laur, W. F.:* Die Bau- und Kunstdenkmäler in den Hohenzollernschen Landen, Stuttgart 1896 – *Zingeler, K. Th., Buck, G.:* Zollerische Schlösser, Burgen und Burgruinen in Schwaben, Berlin 1906.

Bildnachweis: F. Grainer, München, 24 oben, links; A. Haselmeier, Sigmaringen, 21 unten rechts, 25 oben rechts; H. Hell, Reutlingen, 49; Photo Keidel-Daiker, Hechingen, 19 links; Gebr. Metz, Tübingen, 28, 35, 43; W. Nolting, Sigmaringen, 24 unten, 25 oben links u. unten; Presse-Seeger, Ebingen, 24 rechts; R. Seigel, Sigmaringen, 20 oben rechts u. unten.

Für die Reproduktionsgenehmigung von Bild 18 sind wir der Stadt Sigmaringen zu Dank verpflichtet.

Alle übrigen Bilder: Heidi Viredaz-Bader.

Vorderes Vorsatzpapier: Entwurf R. Seigel, Sigmaringen, Zeichnung B. Neithart, Konstanz.

Englische Übersetzung von Sheila Scheer-Cockbaine, Freiburg, französische von Philippe Kintzy, Besancon.

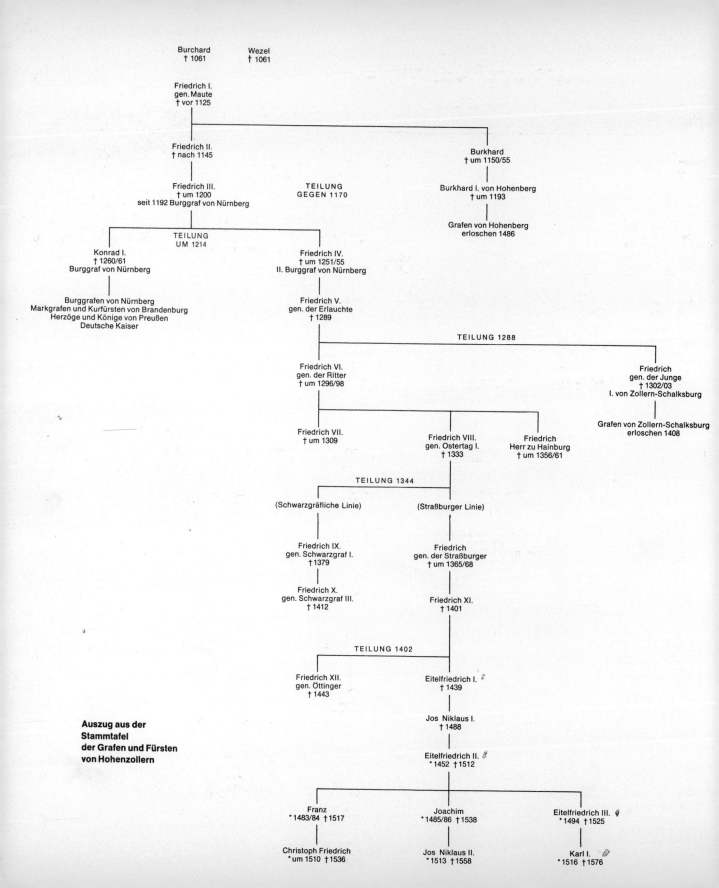

Burchard
† 1061

Wezel
† 1061

Friedrich I.
gen. Maute
† vor 1125

Friedrich II.
† nach 1145

Burkhard
† um 1150/55

Friedrich III.
† um 1200
seit 1192 Burggraf von Nürnberg

TEILUNG
GEGEN 1170

Burkhard I. von Hohenberg
† um 1193

Grafen von Hohenberg
erloschen 1486

TEILUNG
UM 1214

Konrad I.
† 1260/61
Burggraf von Nürnberg

Friedrich IV.
† um 1251/55
II. Burggraf von Nürnberg

Burggrafen von Nürnberg
Markgrafen und Kurfürsten von Brandenburg
Herzöge und Könige von Preußen
Deutsche Kaiser

Friedrich V.
gen. der Erlauchte
† 1289

TEILUNG 1288

Friedrich VI.
gen. der Ritter
† um 1296/98

Friedrich
gen. der Junge
† 1302/03
I. von Zollern-Schalksburg

Grafen von Zollern-Schalksburg
erloschen 1408

Friedrich VII.
† um 1309

Friedrich VIII.
gen. Ostertag I.
† 1333

Friedrich
Herr zu Hainburg
† um 1356/61

TEILUNG 1344

(Schwarzgräfliche Linie)

(Straßburger Linie)

Friedrich IX.
gen. Schwarzgraf I.
† 1379

Friedrich
gen. der Straßburger
† um 1365/68

Friedrich X.
gen. Schwarzgraf III.
† 1412

Friedrich XI.
† 1401

TEILUNG 1402

Friedrich XII.
gen. Öttinger
† 1443

Eitelfriedrich I.
† 1439

Jos Niklaus I.
† 1488

**Auszug aus der
Stammtafel
der Grafen und Fürsten
von Hohenzollern**

Eitelfriedrich II.
* 1452 † 1512

Franz
* 1483/84 † 1517

Joachim
* 1485/86 † 1538

Eitelfriedrich III.
* 1494 † 1525

Christoph Friedrich
* um 1510 † 1536

Jos Niklaus II.
* 1513 † 1558

Karl I.
* 1516 † 1576